우 리 는
왜

진 정 성 에
집 착 하 는 가

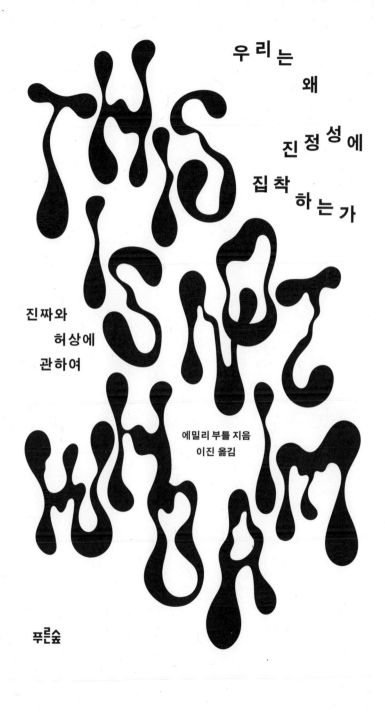

우리는 왜
진정성에
집착하는가

진짜와
허상에
관하여

THIS IS NOT WHO I AM

에밀리 부틀 지음
이진 옮김

푸른숲

나의 부모님에게

서문

현대 문화에서 진정성은 너무도 익숙한 개념이라 진정성에
대한 열망은 인간의 타고난 본성인 듯 느껴진다. 그러나
진정성이 늘 하나의 개념으로 존재해 왔던 것은 아니다.
하나의 개념으로 1700년대 후반 처음 등장한 이래, 진정성은
점점 더 중요해졌다. 이제 서구 사회 어디에서나 진정성을 볼
수 있다. 진정성은 유명 디자이너의 중고 가방이나 예술품의
진품 여부를 소비자에게 확인해 줄 뿐 아니라, 대형 셀럽의
프로필에서도 활약한다. H&M의 양말에 인쇄되기도 하고,
포퓰리즘 정책의 무기가 되기도 한다. 그리고 무엇보다도,
우리 모두의 마음속에 인생의 확실한 목표로 각인되어 있다.

　　유행에 편승하고 싶은 마음이 들 수도 있다. 어쩌면 그
사실을 의식조차 못 하고 그럴 수도 있을 것이다. 진정성은
참으로 편리하다. 삶의 목표를 제공하고 자기 성찰을
교리로 삼는다는 점에서, 진정성은 세속의 종교와 닮았다.
진정성은 달성하기 어려운 집단의 목표보다 개인의 행복

추구에 집중하는 것을 정당화한다. 물론 더 나은 개인이 되어 궁극에는 집단에도 보탬이 되기 위해 진정성을 추구한다고 말하는 사람도 많겠지만.

이 책에서 나는 작정하고 진정성의 명령에 의문을 제기하려 한다. 내가 보기에 진정성은 우리가 생각하듯 언제나 우리에게 도움이 되는 것은 아니다.

진정성의 정의에 대해서는 곧 다루겠지만, 진정성authenticity 이전에는 성실성sincerity 이 있었다. 라이오넬 트릴링의 《성실성과 진정성 Sincerity and Authenticity》[1]에서 이 둘의 차이는 상세히 다루었고, 이 책에서도 그의 글을 몇 차례 인용했다. 그는 문학사 전반에 걸쳐 그 두 개념이 어떻게 발전해 왔는지 상세히 설명한다. 17세기와 18세기 동안 우리의 삶을 이끌었던 성실성의 교리는 《햄릿》에서 폴로니어스가 라에르테스에게 말한 것처럼, 사회 구조를 유지하기 위해 '너 자신에게 진실하라'[2]는 의미였다. 여기서 진실하라는 것은 지금 우리가 생각하듯 '너 자신의 진실에 따라 살아라'라는 의미라기보다는 정직하게 살라는 의미였고, 자기 자신이 아닌 남을 속이지 않는 것이 목표였다. 당신이 누구인지는, 타고난 성격이나 본질은 물론이고 사회적 지위, 계급, 직업, 그 외 여러 사회적 위상과 긴밀하게 얽혀 있었다. 개별적 존재로서

한 개인의 성취가 그 자체로 하나의 목표라는 인식은 없었다.

진정성은 개인의 자기표현을 중시하는 예술 운동이었던 낭만주의의 태동과 함께 18세기 후반에 부상했다. 진정성은 우리 각자의 내면에 고유하고도 진실한 자아가 존재한다는 개념을 바탕으로 한다. 진짜 내가 아닌 것들과 별개로 '진짜 나'가 존재한다고 본 것이다.[3] 진정성이란 여러 면에서 성실성과 상반되는 개념이었다. 진정성은 개인의 영혼에 내재하지 않는 것들 즉, 사회 구조나 환경을 적극적으로 전복시키고 진정한 내적 자아를 해방하여 군림하게 하는 것을 의미했다. 어원적으로 보았을 때 진정성은 그리스어 **오토**auto에서 유래한 단어로, '자기, 자기 자신의, 혹은 그 자체의'라는 의미가 있다. 찰스 귀논이 《진정성에 대하여On Being Authentic》에서 말한 바와 같이, 진정성은 '자신을 **소유**하는 것, **자기 소유**를 달성하는 것을 뜻하는 하나의 이상'[4]이었다. '자신을 소유하는 것'을 극단적으로 해석한 현대 사회의 '개인 브랜드personal brand' 개념을 고려해 볼 때, 귀논의 정의는 큰 의미를 지닌다.

진정성 그리고 낭만주의의 등장과 관련하여 가장 많이 언급되는 사상가로 장 자크 루소(1712-1778)를 들 수 있다. 그는 불행을 일으키는 것은 사회와 사회의 규칙이므로,

인류는 자연의 유기적 상태로 돌아가야 한다고 보았다. 그는 자신의 본질과 자신에 관한 것 전부를 아우르는 포괄적인 자기 기록서《고백록Confessions》[5]의 집필에 헌신했다. 루소는, 비록 진정성이라는 단어를 사용하지는 않았지만, 진정성 있는 사람이 되려면 자기 자신이 **되어야** 할 뿐 아니라 그렇게 **보여야** 한다고 생각했다. 다른 이들도 당신이 자신을 인식하는 것과 동일하게 당신을 인식해야 한다는 그의 생각은 두 세기 이상이 지난 오늘날 소셜 미디어의 시대에도 여전히 유효하다.

20세기 초반 지크문트 프로이트를 비롯한 초기 정신 분석학자들은 내담자들이 자신의 숨겨진 내면을 이해하여 더 만족스러운 삶을 영위하도록 도우려 애썼다. 그 뒤로 장 폴 사르트르도 수십 년간 진정성에 관한 글을 썼다. 그는 인간이 주어진 상황에서 자신의 역할을 너무 잘 연기하다 보니 개인으로서의 자유가 제한되었다고 보았다. 진정성이라는 개념은 20세기를 거치며 우리 사회 깊숙이 파고들었다. 어느덧 진정성은 자본주의를 주도하는 개인주의의 도덕적 버팀목이 되었다. 그것은 지난 수십 년간, 그 의미를 특정하기 어려움에도 바람직한 제품의 특성으로 우리에게 되팔렸다.

오늘날 진정성은 여러 의미를 지니고 있으며, 공적인 영역에서 막연하고도 상호 호환적으로 사용되곤 한다.

진정성의 의미는 맥락에 따라 직관적으로 파악할 수 있으므로
이 책에서도 비교적 자유롭게 진정성이라는 단어를 사용했다.
그러나 혼란을 피하기 위해 여기서 그 다양한 의미들을 짚어
보려 한다. 진정성의 첫 번째 의미는 사물의 진정성으로,
어떤 물건이 진짜이고 그것이 표방하는 바와 같음을 뜻한다.
두 번째 의미는 질적 측면의 진정성으로, '진정성이 있다'는
말을 소탈하고 유기적이며 공감 가는 것의 동의어로 사용하는
경우가 여기 해당된다. 진정성의 세 번째 의미이자 이
책에서 가장 중요한 의미는 바로 자아의 진정성이다. 이는
각 개인에게 실현해야 할 고유한 자아, 맞추어 살아야 할
자신만의 진리가 있다는 개념이다. 진정성이 과연 그토록
의미 있는 개념인지에 대해서는 회의적이지만, 가독성을
높이고 열린 태도를 견지하기 위해 이 책에서는 매번 의문을
제기하기보다 나 역시 통상적인 방식으로 그 단어를 사용했다.

　　진정성이 진정한 자아와는 다른 방향으로 우리를
밀어내거나 끌어당기는 외부의 힘에 맞서는 개념임을 생각해
볼 때, 현대 사회에서 진정성이 이토록 널리 유행하는 것이
그리 놀랍지 않다. 단언컨대, 우리에게는 첫 번째 의미의
진정성이 그 어느 때보다도 절실하다. 소셜 미디어와 인터넷은
가짜와 부정행위를 양산했고 소위 '탈진실post-truth' 사회로

묘사되는 현상을 낳았다. 또한 인터넷은 온라인 활동을 통해(세 번째 정의의 맥락에서) 타인에게 진정한 자아를 알릴 수 있는 수단을 제공하기도 했다(내가 파악한 바에 의하면, 이것은 두 번째 정의를 활용하여 실현되는 경향이 있다). 기업들이 수익을 창출하기 위해 진정성을 의제로 채택한 것도 사실이지만, 그럼에도 진정성은 여전히 서구 문화를 잠식해 버린 과잉 자본주의의 개념적 해독제 역할을 한다. 내적 자아의 개념에 다가감으로써, 우리는 일에 매몰되지 않도록 우리 자신을 지킬 수 있다.

나는 철학자가 아니다. 따라서 루소나 사르트르, 혹은 그 외의 정통 철학서들의 맥을 잇는 책을 쓸 의도가 없다. 자아의 본질을 광범위하게 성찰한 동양 철학의 맥을 잇고자 한 것도 아니다. 진정성의 역사를 포괄적으로 이해하고 싶다면 귀논의 《진정성에 대하여》를, 문학적 관점에서 진정성을 이해하고 싶다면 트릴링의 《성실성과 진정성》을, 비교적 현대적인 개념의 진정성을 탐구해 보고 싶다면 찰스 테일러의 《진정성의 윤리The Ethics of Authenticity》[6]를 추천한다. 나의 바람은 이 책을 통해 현대 사회의 문화 비평적 관점을 제공하는 것이다. 나는 오늘날 진정성이 우리의 삶을 거의 무한대로 잠식하고 있음을 드러내고 탐구하고자 했다.

이 책에서는 개념과 사상 자체보다 온라인에서 일어나는 일들을 포함한 사건과 인식을 다루었기 때문에 내용이 단편적일 수밖에 없다. 나는 이 문제를 총체적으로 다루지 않는다. 루소는 그러길 바랐겠지만. 이 책을 집필한 지난 2년간, 상황은 미묘하지만 분명하게 바뀌었다. '진정성'이라는 말이 남용되면서 예전의 인기는 시들해졌다. 이러한 현상은 다양한 상황에서 '진정성'을 유지한다는 것은 사실상 불가능하며, 하나의 **개념**으로 진정성이 그 어느 때보다 적절한 동시에 모순적이라는 사실을 증명할 뿐이다. 진정성은 사회적 환경과 규범을 탈피할 것을 요구한다. 그러나 이제는 진정성 자체가 탈피해야 할 규범이 되었다. 진정성의 표식들이 지금까지와는 다르게 보이기 시작했다는 뜻일 수도 있지만(온라인상의 Z세대들에게는 분명히 그런 것 같다) 폐쇄적인 사회일수록 진정성의 의미가 커진다는 뜻일 수도 있겠다. 진정성은 자본주의에 포섭되면서 그 의미를 잃었고, 전통적인 성공의 개념에 영합하거나 의존하지 않고 더 '당신 자신'이 될 수 있도록 돕겠다는 제품들만 양산했다.

비록 진정성 문화를 비판하고 파헤쳐 보려고는 했지만, 이 책은 진정성을 추구하는 사람들, 특히 진정성을 이용하여 좋은 일을 하려는 사람들을 공격하지 않는다. 나도 예외는 아니다. 이 책에 담긴 생각 중 상당수는 자아의 본질과 행복에 대한 나 자신의 분투에서 비롯되었다. 진정성의 수호가 긍정적인 변화를 일으킨 동력이었던 것은 틀림없는 사실이다. 진정성은 억압받던 커뮤니티에 목소리를 주었고, 사회적 기대에 갇혀 있던 사람들에게 삶의 목적을 부여했다.

정체성에 관한 장은 나의 정체성을 바탕으로 쓰지 않았고, 해당 글에서 그 이유를 분명히 밝혔다. 나는 2021년에 출간된 엠마 다비리의 저서《백인이 다음에 할 수 있는 일What White people Can Do Next》[7]에 수록된 개념에 특히 주목했다. 다비리는 자신의 '특권'을 인정하는 것은 외형적 정체성 또한 자아의 일부라는 사실을 더욱 강화할 수 있다고 보았다. 나는 두 자아의 통합이야말로 현재 벌어지고 있는 '문화 전쟁'에서 중요한 문제 중 하나라고 본다. 따라서 오해의 소지가 없도록 분명히 밝혀둔다. 나는 여기서 언급한 정체성 집단이나 그 집단에 속한 개인의 경험을 이해한다고 주장할 생각이 없으며, 그들의 영역을 침해할 의도 또한 없다.

이 책은 크게 보면 문화, 정치, 자아 세 주제로 분류되어 있으며, 각 분류에는 다시 두 편의 글이 수록되어 있다. 나는 진정성 문화의 가장 명확한 사례들을 분석하고자 했다. 또한, 진정성 문화가 문제를 해결하기보다는 오히려 혼란을 가중하거나 더 많은 문제를 유발하는 영역을 규명하고자 했다. 진정성은 본래 자유를 추구하는데, 그것이 하나의 교리가 될 때 오히려 자유를 빼앗는다는 것이 바로 진정성의 역설이다. 우리가 '자신의 진실에 따라' 살 수 있다면 그것은 분명 좋은 일이겠지만, 반드시 그래야만 한다는 개념에 나는 이의를 제기한다.

무엇보다도 나는 당신이 누구건, 어느 시기 어느 곳에서 이 글을 읽고 있건, 당신의 모든 불안에 의문을 품어 보라고 말하고 싶다. 지금 당신 자신의 모습이 진정성 있는 모습이 아니라는 생각이 든다면, 어떤 삶이 다른 삶보다 더 '진짜'일 수 있다는 생각이 든다면, 우리의 '진실'은 지금 바로 이 순간 우리에게 일어나고 있는 일이 아닌 다른 어떤 것이라는 생각이 든다면 말이다.

차례

CELEBRITY

1

셀럽

1998년, 영화학 교수 리처드 다이어가《스타Stars》에 썼듯이
셀럽은 평범하면서도 비범하고, 존재하면서도 부재하는
방식에 의존해 왔다.[1] 셀럽은 친근감을 느낄 수 있을 정도로
우리와 비슷해야 하지만, 그러면서도 숭배할 수 있을 정도로
달라야 한다. 우리의 가시권 안에 있어야 하나 눈을 가늘게
뜨고 봐야만 제대로 볼 수 있을 정도의 거리는 유지해야
한다. 그러나 제아무리 대단한 셀럽이라 해도, 그들의 성공은
결국 민주주의와 행운의 결과다. 어느 한 시점에 큰 성공을
거두었다고 한들 명성이 지속된다는 보장은 없다. 명성이
지속되려면 비평가와 팬의 관심이라는 연료가 끊임없이
주입되어야 한다. 우리는 셀럽의 화려한 삶을 바라보면서
우리도 그들처럼 될 수도 있지 않을까 생각한다. 그러나 결코

그럴 일이 없다는 것 또한 가슴 속 깊이 알고 있다. 셀럽과 대중의 관계가 작동하려면 믿음도 있어야 한다. 우리는 그들을 믿고, 그들의 존재를 믿으며, 그들이 부와 특권을 누릴 자격이 있다고 믿는다. 셀럽 문화는 환상과 진정성의 충돌이다.

이러한 엄청난 모순은 당연히 존재론적이고도 현실적인 문제를 낳는다. 사회학자 프란체스코 알베로니는 1972년에 셀럽을 두고 '힘없는 엘리트'[2]라고 표현한 바 있다. 셀럽의 지위는 인기에서 비롯되는 것이고 인기는 대중의 취향에 의존하기 때문에 셀럽의 양상도 당연히 사회의 기호에 따라 변한다. 따라서 셀럽이 대중을 선도하는 것처럼 보일 수 있지만 사실 셀럽은 대중이 자신의 욕망을 쏟아붓는 용기에 불과하다.

셀럽 문화의 초기 분석에서는 그것을 얕고 공허하며, 자본주의를 지탱하는 대중문화의 한 양상으로 분류했다. 기 드보르는 《스펙타클의 사회 Society of the Spectacle》에서 '스타가 된다는 것은 보여지는 삶에 특화되는 것을 뜻한다. 스타는 그들이 실제로 살고 있는 파편화된 생산적 전문성을 보완하는, 보여지는 얄팍한 삶과 동일시되는 대상이다'[3]라고 썼다. 역사학자 대니얼 부어스틴은 《이미지와 환상 The Image》에서 셀럽은 진정한 영웅을 대체하는, '인간이 꾸며낸 가짜 사건human pseudoevents'이며 셀럽의 급증은 진정한 영웅의 의미를 퇴색시킨다고 썼다. 부어스틴은 '셀럽은 유명한 것으로 유명한 사람'으로, '인간의 위대함에 대한 우리의 과도한 기대를 충족시키기 위해 의도적으로 조작된 인물이며, 기꺼이 그에 관한 기사를 읽고, TV에서 그를 보고 싶어 하고, 녹음된 그의 목소리를 구매하고, 그에 관해 친구들과 이야기하는 우리 모두에 의해 만들어졌다. 셀럽과 진실의 관계는 매우 모호하다'4라고 했다.

이러한 관점에서 본 얄팍하고, 가짜이고, 조작되었으며, 진실과는 딱히 상관이 없는 셀럽은 일반적인 진정성의 개념과 거리가 멀다. 조금만 더 깊이 들어가 보아도 그 둘은 서로 맞지 않는다. 역사적으로 진정성은 사회 규범을 초월하여 존재했던 반면, 셀럽은 사회 규범의 반영이었다. 셀럽에게 진정성이 있을 리 없다고 주장하기란 너무나 쉽다. 그러나 진정성에 호소하지 않으면, 셀럽 문화는 존재할 수 없다. 무대 뒤에서 벌어지는 일들은 이 모든 가식을 오히려 더 흥미롭게 만든다. 기 드보르와 부어스틴 이후, 무대 뒤 셀럽의 모습은 가십과 스캔들에서 고백 인터뷰와 파파라치로, 거기에서 다시 임신 발표와 오타가 난무하는 인스타그램 캡션으로 진화했다. 그 모든 평범하고 인간적인 모습들은 셀럽의 화려한 매력과 교활한 술수를 받쳐 주는 버팀목이었다. 언제나 그래왔다.

지난 10여 년간 셀럽들은 불가능에 도전해 왔다. 바로 진정성을 가지려 한 것이다. 2010년대 초반, 소셜 미디어가 폭발적으로 성장하면서 대중은 자신이 숭배하는 배우와 가수의 일상을 더 이상 기자나 파파라치에게 의존하지 않았다. 갑자기 셀럽들은 자신을 드러낼 힘을 획득했다.

소셜 미디어가 진정성을 증명할 수 있는 초유의 기회를 제공한 것은 사실이지만 온라인 이미지 뒤에 본모습을 숨기는 것 또한 가능해졌다. 그 결과, 타인의 진정성에 대한 사회적 불안은 더욱 커졌다. 이처럼 진정성 의미와 중요성이 혼돈에 빠질수록 우리는 구명줄처럼 그것에 매달렸다. 셀럽 문화는 우리의 새로운 도구를 시험해 볼 수단이었다. 그래서 소셜 미디어는 과연 스타들이 우리와 똑같은 인간임을 확인해 주었던가? 나아가서, 진정성 추구가 하나의 퍼포먼스로 전락하고 소셜 미디어가 일반인 출신 셀럽들을 양산하여 볼거리의 경계가 무너진 상황에서, 소셜 미디어가 스타는 과연 스타임을 확인해 주었던가?

인터넷에 끊임없이 등장하는 거의 모든 용어와
마찬가지로, 1960년대에 처음 사용된 '공감성relatability'[5]이라는
용어는 이제 진부한 표현이 되었다. 공감성은 '공감이 가다to
relate'에서 어설프게 파생된 말이다. 문자 그대로 해석했을 때,
공감이 간다는 것은 타인과 통하는 느낌이나 동일시를 의미할
수 있다. 하지만 실제로는 거의 극단적인 수준의 자기 파괴적
행위를 묘사할 때 사용되는 경우가 압도적으로 많다. 하루
종일 침대에 누워만 있는 것도 공감이 가고, 무리할 정도로
하루 일정을 과하게 잡는 것도 공감이 간다. 돈이 궁한 것도,
더 많은 돈을 원하는 것도, 돈을 쓰면서 정작 써야 할 곳에
쓰지 않는 것도 공감이 간다. 공황 장애가 있는 것도 공감이
간다. 햄버거를 먹거나 먹는 것 자체를 잊는 것도 공감이 가고,
샐러드를 억지로 먹는 것도 공감이 가고, 침대에서 음식을
먹는 것도 공감이 간다. 헤어진 애인과의 잠자리를 거부하는
것은 공감이 안 가고, 헬스장 회원권을 끊는 것도 공감이 안
간다. 친한 친구의 파티에 선의로 참석하거나 피곤해서 일찍
잠자리에 드는 것도(우울감을 느낀다면 이야기가 다르겠지만)
공감이 간다. 결혼은 공감이 간다. 공감성은 한마디로,
엉망진창이다.

당신이 누군가에게 공감이 간다고 말할 수는 있다. 공감하는 주체가 당신 자신이기 때문이다. 반면 진정성을 객관적인 용어로 정의하기는 그보다 어렵다. 진정성이 있다는 것은 내적 진실을 세상에 실현하는 것인데, 당신 자신의 진정성은 당신의 느낌으로 알 수 있지만 다른 사람의 진정성은 겉으로 드러나는 모습에 국한될 수밖에 없기 때문이다. 진정성이 오직 행동으로 표출되어야만 한다는 명백한 역설을 제쳐 두더라도, 이것은 진정성이 눈에 보이는 상징에 의존해야 한다는 뜻이다. 바로 이 지점에서 공감성이 등장한다. 공감이 간다는 말이 의미를 갖게 되는 상황은, 온라인에서 상투적으로 쓰이는 표현에 따르면 대체로 당황스러울 수도 있는 행동이나 평상시라면 숨기고 싶었을 행동을 의미할 때이다. 바로 그런 상황에 공감이 가는 것과 진정성 있는 것이 포개어진다. 물론 단지 우연의 일치일 뿐이지만.

셀럽의 평범한 일상이 본격적으로 대중을 매료하기 시작한 것은 2000년대 초반이었다. 이제는 일상적인 표현이 된 부어스틴의 말을 빌리자면, '유명한 것으로 유명한' 패리스 힐튼과 킴 카다시안 같은 할리우드 사교계 인사들이 택시에서 비틀거리며 내려 베벌리힐스 거리를 활보하고 큼직한 선글라스로 자신의 숙취를 감추기 시작했다. 그들은 홍보 전문가와 전략가 들로 팀을 꾸려 그들의 모든 행보를 보도 자료로 만들며 대놓고 자기 홍보에 열을 올렸다. 그들의 행실이 결코 평범하다고는 말할 수 없지만, 그렇다고 해서 객관적으로 엄청나게 흥미진진하다고 볼 수도 없었다. 그러나 홍보 전문가들은 알고 있었다. 단지 카메라에 포착되었다는 이유만으로 그들의 행동은 흥미진진해진다는 것을. 과거 파파라치들이 카메라에 특별한 것을 담으려 했다면, 이제 그들은 그런 것을 개의치 않는다. 2002년 〈유에스 위클리Us Weekly〉의 '스타―그들도 우리와 똑같은 인간Stars-They're Just like Us' 코너는 길에서 동전을 줍는 드류 베리모어의 사진을 놓고 열린 편집 회의에서 처음 기획되었는데,[6] 이후 그 코너는 스타의 일상에 대한 대중의 관심을 고취했다. 이 코너는 패스트푸드를 먹거나 세탁소에 가거나 편한 운동복 차림을 한 스타들의 꾸미지 않은 모습들을 꾸준히 실었다.

셀럽의 세계에서는 평범하지 않은 것이 표준이 된다. 따라서 다른 세계에서 평범한 것이 셀럽의 세계에서는 '공감이 가는' 것일 뿐 아니라 심지어 파격적인 것일 수 있다. 2000년대 초에 방영된 〈심플 라이프The Simple Life〉[7]에서, 패리스 힐튼과 그의 친구 니콜 리치는 평범한 직업에 도전하며 사고를 치는 모습을 통해 자신들이 얼마나 세상 물정 모르는 사람들인지 여실히 보여 주었다. 그 프로는 미디어에 노출된 그들의 평범한 일상이 여전히 파격적이며 그들의 명성이 그 자체만으로 여전히 볼 가치가 있는 것임을 확인해 주었다. 20년이 지난 지금 우리는 셀럽을 '아이코닉iconic'하다고 표현하는 온라인 습관이 생겼고, 그 말의 의미는 공감이 가거나 심지어 창피한 짓을 서슴지 않는 그들의 모습에까지 교묘하게 확대되었다(힐튼과 리치는 어쩌다 보니 유독 향수를 불러일으키는 아이콘이 되었다). 아이코닉하다는 말을 자세히 들여다보면, 아이러니하게도 그 말이 진솔하다sincere 는 의미임을 알 수 있다.

비욘세는 2017년 쌍둥이를 출산했을 때, 인스타그램에 사진 한 장을 올렸다[8]. 사진 속의 비욘세는 보티첼리 그림에 등장하는 성모 마리아의 포즈를 취하고 있었다. 만약 그런 것이 실제로 존재한다면, 그 사진이야말로 진정으로 아이코닉한 이미지라고 말할 수 있을 것이다. 하지만 그런 유형의 이미지를 과도하게 노출하다 보면 환상을 불러일으키는 힘은 오히려 약해진다. 과거에는 아이코닉했던 것들이 이제는 흔해졌지만, 사람들은 여전히 무대 밖 셀럽의 진짜 삶을 훔쳐보는 것에 열광한다.

2010년대 셀럽의 진정성에 대한 우리의 열망은 식을 줄 몰랐다. 소셜 미디어는 거짓말의 영역을 확장했지만 그만큼 진실의 영역 또한 확장했다. 그리고 결국 우리는 진실을 더 선호하는 것으로 밝혀졌다. 소셜 미디어는 과거 우리 사회에서 서로 다른 두 파벌이었던 셀럽과 대중의 경계를 허물어 그 둘을 트윗하고 포스팅하는 하나의 집단으로 통합했다. 〈유에스 위클리〉는 2002년부터 스타들도 우리와 똑같은 사람이라고 말해 왔는데, 이제 스타들이 그 사실을 증명할 수 있게 되었다. 그들이 카메라를 들고 실생활에서 자신의 어설픈 모습들을 찍은 사진을 공유할수록 우리는 이 새로운 볼거리에 열광했다. 그리고 그 볼거리가 스타들이 더 소탈하고 더 현실적인 존재로 보이도록 교묘하게 조작된 것이라는 사실이 밝혀지자, 상황은 복잡해졌다.

그들의 그런 모습을 믿는다고 해도 지나치게 공감이 간다는 것은 셀럽에게 문제가 될 수 있다. 셀럽은 우리의 영웅이어야 한다. 그들이 진정으로 우리와 똑같다면, 이 구조는 무너진다. 우리가 그들에게 부와 특권을 허용하고 그들을 위해 돈을 쓰고 친구들과 그들에 대해 이야기한다는 것은 어느 정도는 그들이 그런 대접을 받아 마땅한 사람들이라고 느끼기 때문이다. 우리는 온라인 사원에 아첨의 제물을 바치면서 그들이 지혜의 부스러기들이나 우리가 동경해 마지않을 우월한 삶의 방식의 증거들을 보여 주기를 원한다. 셀럽이 특별하지 않다면, 그들이 우리와 너무도 닮았다면 그런 관계는 성립되지 않는다.

공감성은 연기performance를 통해 표출되는데, 연기에는 관객이 필요하다. 공감할 만한 요소마다 공감해 줄 사람이 필요한 것이다. 이렇듯 셀럽이 셀럽답게 행동하는 것을 지켜보고 그들 삶의 어떤 요소들을 이해할 수 있는지 파악하는 공감의 과정은, 소셜 미디어의 발전으로 새로운 수위의 노출이 가능해짐에 따라 2010년대에 거의 광적으로 무한 반복되었다. 그러나 2010년대 중반 그러한 현상이 정점에 도달하면서 공감을 얻기는 갈수록 힘들어졌다. 그런 모습들은 덜 근사해 보였다. 짜증스러울 정도로 반복되다 보니 진정성의 연기가 정작 그것이 보여 주어야 할 진정성 자체를 훼손한 것이다. 2013년 제니퍼 로렌스가 오스카상을 수상하기 위해 무대로 올라가다가 계단에서 드레스를 밟고 넘어질 뻔한 모습은 사랑스러웠다. 하지만 2014년 오스카 시상식의

레드카펫 위에서, 그리고 두 달 뒤 〈엑스맨 데이즈 오브 퓨처
패스트X-Men: Days of Future Past〉 시사회에서, 그리고 2016년 〈엑스맨:
아포칼립스X-Men: Apocalypse〉 시사회에서 또다시 넘어졌을 때,
로렌스의 행동은 의심을 사기 시작했다. 혹시 일부러 넘어진
게 아니냐는 말들이 온라인을 달구었다. 공감성은 처음에는
로렌스 자신이 만들어 낸 우연한 노출이었지만, 머지않아
하나의 가식이 되었다. 이웃집 여자처럼 친근한 유머 뒤에
로렌스는 과연 무엇을 숨기고 있었을까?

2년 동안 전 세계에서 가장 높은 출연료를 받았던
조각 같은 미모의 제니퍼 로렌스는 진정성에 대한 대중의
욕구를 충족하기 위해 자신의 친근한 성향을 활용한 것이
분명했다. 그리고 그와 동시에 그의 커리어는 정점을
찍었다. 셀럽 문화와 언론이 이를 극단적으로 확산시키면서
노출량이 급격히 증가하고 결국 그 사건이 되풀이되었던
것은 로렌스의 잘못이 아니다. 어딜 가나 로렌스의 '공감
가는' 패스트푸드 사랑 이야기 뿐이었다. 언론은 거의 미친
게 아닌가 싶을 정도로 황당한 헤드라인을 끝없이 쏟아 내며
가짜가 판치는 할리우드에서 로렌스야말로 인간미 넘치는
귀여운 허당이라고 애정 공세를 퍼부었다. '줄리안 무어가
말하다, "제니퍼 로렌스야말로 진정성 있는 사람"'9 '제니퍼

로렌스, 최악의 음치'[10] '제니퍼 로렌스가 마시멜로를 더 이상 입에 넣을 수 없다고 생각하는 순간, 당신은 깜짝 놀랄 것이다.'[11] 2013년 거의 내내, 〈벌처 Vulture〉는 '제니퍼 로렌스, 금주의 명언'이라는 정기 코너를 특집으로 게재했다. 로렌스가 스물다섯의 나이에 5200만 달러(약 710억 원)를 벌어들였던 2015년[12], 온라인 〈보그 Vogue〉의 커버스토리 제목은 '제니퍼 로렌스는 단호하고, 웃기고, 무엇보다도 **진짜** real 다'였다.[13] 그 글을 읽고도 미처 공감하지 못했던 사람들을 위해 〈할리우드 리포터 Hollywood Reporter〉는 '제니퍼 로렌스의 보그 인터뷰 중 가장 공감 가는 순간 다섯 가지'[14]라는 알찬 후속 기사를 게재했다.

이러한 아첨은 머지않아 조롱거리로 전락했다. 아리아나 그란데는 2016년 〈새터데이 나이트 라이브 Saturday Night Live〉에서 로렌스를 비꼬았다. ('사람들이 나한테 게임 쇼를 하지 말래요. 그래서 내가 말했죠, 집어치워요! 나도 좀 즐겨야죠! 난 평범한 사람이라고요.'[15] 그란데는 허스키한 로렌스의 목소리를 흉내 내며 말했다). 냉혹하고 여성혐오적이며 보수적인 미디어 환경에서 로렌스를 지켜 주었던 공감성은 그렇게 사라지고 말았다. 이제 진정성과 공감성은 동의어가 아님이 분명해졌다. 중요한 것은 진정성이었다. 창피한 일을 고백하는 것은 겉모습 속에 감추어진 무언가를 드러내는 일이었지만, 그럼에도 여전히

대중의 기대에 부응하는 쉽고도 뻔한 방법이라는 사실이
드러났다. 더구나 진정성이 있는 척 연기하는 것은 애초에
진정성이 없는 것보다 더 나빴다.

진정성은 타인의 기대에 부응하지 않을 것을 요구한다.
순수하게, 그리고 아름답게 우리 자신일 것을 요구하고 내적
자아가 세상이 부과한 모든 제약을 극복할 것을 요구한다.
2015년 〈엘르Elle〉에 실린 또 다른 기사의 헤드라인은
'영화 〈헝거게임Hunger Games〉 레드카펫에서 만난 가장 제니퍼
로렌스다운 제니퍼 로렌스에게 바치는 찬사'[16]였다. 우리는
셀럽이 우리와 같은 사람이기를 바란 것이 아니었다. 우리는
그들이 그들 자신이기를 바랐다.

*

셀럽은 이상적인 삶의 방식을 제시한다. 다이어는
그들의 라이프 스타일이 '미국과 서구 사회의 기본 가치의
발현'[17]이라고 썼다. 서구 사회에서 가장 기본적인 가치라면
단연 모두가 진정한 자아를 발견하고 그에 따라 살아야
한다는 것이므로, 우리는 진정성 있는 삶을 사는 것처럼
보이는 이들을 우상화한다. 제니퍼 로렌스는 결국 자기

자신이었다기보다는 자기 자신을 연기하고 있다는 인상을
주었다. 제니퍼 로렌스가 제니퍼 로렌스를 연기하지 않을 때는
별로 제니퍼 로렌스 같지 않았다. 그러나 셀럽 세계의 다른
영역에서는, 자기 자신다워지는 것은 아무리 과해도 지나치지
않다. 제대로 하기만 한다면. 예를 들면, 킴 카다시안은
확실히 실제 킴 카다시안보다 더 킴 카다시안 같다. 심지어
점진적이고도 미묘한 변화를 거치면서 외모마저도 더 킴
카다시안다워졌다. 작은 코는 조금 더 작아졌고, 도톰한
입술은 조금 더 도톰해졌으며, 몸매의 굴곡은 조금 더
커졌다. 그러나 '여배우'라는 전형적인 이유로 유명한
로렌스와는 달리, 킴 카다시안은 킴 카다시안이기 때문에 킴
카다시안이다. 따라서 킴 카다시안다워질수록 좋다. 이렇게
정리해 볼 수도 있겠다. 2000년대 사교계 유명 인사는 자기
자신을 판매 가능한 진액으로 농축할수록 더 부유해진다.

    킴 카다시안은 부어스틴이 말한, 인간이 꾸며낸 가짜
사건들의 결정판이라고 볼 수 있다. 카다시안은 단지 유명한
것으로 유명했다. 2000년대 초반 카다시안은 힐튼, 리치와
함께 할리우드 사교계에서 묘하게 관심을 끌었다. 그들이
하는 모든 일은 그들이 통제하고 주도한 것이었다. 그 시기를
거치면서 한 개인의 강한 정체성 의식 즉, 훗날 우리가 '개인

브랜드'라고 부르게 된 개념은 셀럽에게 목표 달성의 수단이 아니라 그 자체로 하나의 목표가 되었다.

카다시안은 개인 브랜드 개념의 종결자였다. 2007년 카다시안의 섹스 테이프가 온라인에 유출되었고(비비드 엔터테인먼트는 그 비디오를 100만 달러에 구매했고 비디오에서 카다시안의 상대로 등장했던 레이 제이는 〈데일리 메일 Daily Mail 〉을 통해 이 거래가 사전에 계획된 것임을 밝혔다),[18] 그로부터 몇 달 뒤 카다시안의 새로운 리얼리티 쇼가 시작되었다. 〈카다시안 따라잡기 Keeping Up With the Kardashians 〉[19]의 카메라가 킴 카다시안 그리고 카다시안의 어머니와 자매들(그들은 OJ 심슨의 변호사이자 절친한 친구인, 2003년에 사망한 로버트 카다시안의 가족이다)의 일상을 쫓았다. 방송이 시작되고 나서 3년 뒤 인스타그램이 등장했다. 트위터 이용자는 이미 5400만 명에 육박했다. 소셜 미디어 덕분에 카다시안 가족은 그들이 〈카다시안 따라잡기〉를 통해 달성하고자 했던 목표, 즉 셀럽 문화의 근간인 화려함과 솔직함을 보여 주겠다는 목표를 좀 더 쉽게 달성할 수 있었다. 카다시안 가족은 그들 자신의 파파라치가 되었다. 더 이상의 특종은 없을 정도로 많은 것을 공유했지만, 그들의 쇼와 소셜 미디어의 소소한 게시물은 여전히 헤드라인을 장식했다. 그 프로그램이 방영되는 동안 킴은 온라인에서 자기만의 개인 브랜드를 키워나가며 팔로워들에게 이미 방송에서 드러냈던 모습들을 더 많이 보여 주었다. 카다시안과 '진짜' 셀럽의 유일한 차이점이 있다면, 그것은 카다시안의 명성이 모든 면에서 의도되었다는 점이었다. 카다시안이라는 브랜드에 대한 이러한 냉소는 오히려 그들이 그토록 오랫동안 많은 관심을 받은 이유로 작용했다. 그들의 가식에는 정직함이 있고, 따라서 그들이 사는 방식에는 '진정성'이 있었다. 바로 그것이 그들에게 명성을 가져다주었다.

셀럽이 제공하는 볼거리는 진솔한 삶을 연기하는 것으로 전락했다. 2020년 해리 왕자와 메건 마클이 왕실을 떠난 계기는 표면적으로는 마클을 향한 영국 언론의 공격[20] 때문이었지만, 진정성을 향한 도전이자 그들에게 부과된 관습에 대한 거부의 서사로 기록되었다. 2021년 3월 오프라 윈프리와의 인터뷰[21]에서 해리는 자신의 친지들은 '제도의 틀에 갇혀' 있다고 말했고, 마클은 자신과 해리가 캘리포니아의 저택에서 '보다 진정성 있게 살 수 있다'라고 했다. 햇살 가득한 테라스에서 촬영한 두 사람의 모습은 너무도 편안해 보였다. 그들의 삶은 왕실의 고루함과 전통주의에 대한 '진정한' 해독제 같았다. 관습을 거부하고 한 개인의 진실에 따라 살게 된 그들은 셀럽이 될 만반의 준비가 되어 있었다. 비록 카다시안 가족의 진실과는 달라 보였지만 과정은 똑같았다.

윈프리와의 인터뷰가 의미 있었던 이유는 거기서 드러난 사실 때문이기도 하지만—주요 일간지는 해리 왕자와 메건이 낳을 아기의 짙은 피부색에 대한 왕실의 우려[22]를 헤드라인으로 뽑았다—그들이 인터뷰를 했다는 사실 자체 때문이기도 하다. 현대 사회에서 셀럽이 이야기를 전달하는 방식은 이야기 자체만큼이나 중요하다. 아무 이야기도 하지 않으면 지켜볼 가치가 있는 셀럽으로서의 지위가 하락한다. 인터뷰에 응했던 해리와 메건에게는 예상대로 비난이 쏟아졌다. 피어스 모건은 대중의 관심을 피해 영국을 떠났다면서 곧바로 대중의 관심을 끈 그 두 사람을 '위선적이고 직업적인 희생양'[23]이라고 비난했다. 그들이 저지른 실수가 있다면, 그 실수는 자신들의 이야기를 한 것이 아니라 애초에 사생활을 가질 생각을 했다는 것이었다. '우리가 무슨 일을 겪고 있건, 그건 결국 유출될 거예요.' 킴 카다시안은 2011년 〈글래머 Glamour〉와의 인터뷰에서 〈카다시안 따라잡기〉에 관해 이렇게 말했다. '타블로이드의 표지를 장식하겠죠. 엉뚱하게 왜곡되어서요. 그럴 바에야 차라리

우리가 직접 이야기하는 편이 낫지 않아요?'[24]

　　직접 말하겠다는 것은 설령 거짓이 있더라도 전체 서사로
흡수할 수 있다는 뜻이다. 거짓을 인정한다는 것 자체가
진정성을 내포하기 때문이다. 카다시안 가족은 어떻게 보면
세 가지 삶을 살고 있는 셈이다. 하나는 그들의 프로에서,
하나는 소셜 미디어에서, 또 하나는 현실 속에서. TV를 보는
동시에 휴대폰을 스크롤할 수 있는 시대에 살고 있음에도,
한 번에 그 세 가지 중 하나에만 접근할 수 있다는 사실이
오히려 더 갈구하게 만들었다. 그들이 여러 단계에서 노출되고
있다는 사실을 알기에 도리어 투명하다는 느낌마저 들었다.
킴 카다시안은 소셜 미디어의 팔로워 수를 늘림으로써 사생활
노출에 골몰했고, 자신이 게시물을 올리고 공유하는 것은 단지
개인 브랜드를 홍보하는 수단일 뿐 아니라 소통의 일부이기도
하다는 점을 분명히 했다. 카다시안은 카메라로 카메라를
비추며 자신의 공연을 주도했다. 달리는 차 안에서 킴이
디지털카메라를 들고 포즈를 취하는 모습을 보고 킴의 어머니
크리스 제너가 '킴, 사진 좀 그만 찍을래? 지금 네 동생이
감옥에 가게 생겼잖아'[25]라고 말하는 〈카다시안 따라잡기〉의
한 장면은 유명하다.

　　오늘날 우리가 사는 세상에서 팔리고 있는 진정성이라는

개념에 진짜인지 가짜인지, 진실인지 거짓인지는 중요하지 않다. 그도 그럴 것이 처음부터 끝까지 전부 다 거짓이고 가짜이기 때문이다. 진정성은 고백의 개념으로 팔리고 있고, 자신의 가식을 인정하는 개념으로 팔리고 있다. 카다시안 가족은 그들 자신이 아닌 다른 사람인 척한 적이 없다. 그들은 만들어진 사람들이고 물질적인 사람들이다. 자신들이 가짜임을 인정하는 한 그들은 방탄복을 입은 셈이다. 2015년에 방영된 〈카다시안 따라잡기〉의 어느 한 에피소드[26]에서, 카다시안 자매는 막내 카일리 제너(크리스 제너의 두 번째 결혼에서 태어났다)에게 그 점의 중요성을 가르쳤다. 당시 17세였던 카일리는 입술 모양이 심하게 변형된 상태였다. 누가 봐도 필러 시술을 받은 것이 분명했지만, 그는 그러한 변화가 자신의 '립 키트' 제품 덕분인 것처럼 대대적으로 홍보했다. 기자들이 입술에 대해 질문을 퍼붓기 시작했다. 그 에피소드의 주요 내용은, 카일리의 언니 클로에의 말을 빌리자면, 카일리가 자신의 시술 문제를 '직면'해야 한다는 것이었다. 에피소드 초반에는 클로에가 엉덩이의 셀룰라이트를 레이저로 제거하는 장면이 버젓이 나온다. 카일리 제너는 입술에 관해서는 아무것도 '인정하지도 부정하지도 않겠다'는 말로 이야기를 시작한다. 자신이 주인공으로 출연하는 프로에서 이미 시술을 받았다고 명백히 밝힌 상황에서, 카일리의 그런 발언은 그 자체로 놀라웠다. 결국 킴과 클로에의 격려 덕분에 카일리는 변화한다. 그는 '언니들이 자신의 불안을 인정할 수 있다면, 나도 할 수 있어'라고 말한다. 이렇듯 시술 받은 것을 내면의 불안을 인정하는 행위로, 내적 진실의 외적 발현으로 만드는 순간 그 행동은 진정성을 지닌다. 그 결과 카일리 제너는 용감하고 정직하다는 찬사를 받았다. 그리고 여전히 입술이 가장 유명하다.

마찬가지로, 부를 과시하는 카다시안 가족의 품위 없는 행태는 공감 가는 서민적인 셀럽의 모습과는 정반대 같지만, 오히려 그런 모습이 진정성으로 작용한다. 그들은 완벽하게 설계된 자신의 모습에 충실한 것과 마찬가지로, 엄청난 돈을 버는 것 또한 가치 있는 목표로 거리낌 없이 제시한다. 그리고 그 또한 그들 브랜드의 일부가 된다. 2019년 3월, 21세의 카일리는 〈포브스Forbes〉가 선정한 세계 최고의 '자수성가' 부호로 선정되었다.[27] 그러나 이후 그것은 사실이 아니라고 판명되었다. 〈포브스〉는 그것이 모호한 숫자를 사용한 잘못된 계산이었으며 실제로 카일리 제너의 자산은 고작 900만 달러에 불과하다는[28] 다소 분노에 찬 후속 기사를 실었지만, 그 기사가 제너의 '진정성'을 훼손하지는 못했다. '자수성가' 서사는 단지 그들이 유명한 것으로 유명하거나 그저 그들 자신이라서 유명한 것이 아니라, 더 유명해지고 더 부유해지는 특별한 능력 때문에 유명해졌다는 인식을 확산하는 데 기여했다. 2016년 '팔로워를 거느린 사람이 돈을 버는 방법'[29]이라는 부제와 함께 〈포브스〉 표지를 장식한 킴 카다시안은 자신의 트위터에 다소 의미심장한 글을 썼다. '재능이 없는 여자에게는 나쁘지 않은 방법.'[30] 다소 기묘한 방식이기는 해도, 이것이야말로 진정성의 완결판이다. 수백만의 팔로워들에게 사뭇 자조적으로 자기 객관화를 연기하는 동시에 너무도 진짜인 자신의 부를 뽐내고 있으니.

 이렇듯 셀럽을 성실한 사람으로 묘사하려는 욕구야말로 진정성이 여전히 셀럽 문화를 장악하고 있다는 증거다. 그런 개념은 셀럽이 된 당신이 운으로 그 자리에 도달했을 가능성을 배제한다. 또 평범함(일)과 비범함(성공)의 균형을 잡아 줄 뿐 아니라, 당신이 진정한 자아(당신이 세상에 보여 주는 바로 그 성공한 사람)의 내적 진실을 실현하기 위해 노력해 왔음을 암시한다. 2022년 초 인플루언서 몰리 메이 헤이그는 스티븐 바렛의 팟캐스트 〈다이어리 오브 CEO Diary of a CEO〉에 게스트로 출연하여 '누구에게나 똑같은 24시간이 주어진다'[31]라고 발언함으로써 비난을 받았다. 패스트 패션 브랜드 프리티리틀씽PrettyLittleThing에서 일하는 의류 노동자들의 24시간은 그 회사의 크리에이티브 디렉터인 헤이그의 24시간과 상당히 다를 수밖에 없기 때문이다. 헤이그에 대한 비판도 일리는 있지만, 그에게 하필 그토록 뚜렷한 비교 대상이 있었던 것은 안타까운 일이다. 왜냐하면 사실 헤이그가 말한 정서는 인플루언서 문화 전반에 걸쳐 나타나고 있기 때문이다. 누구든 자신을 상품화하여 유명인이 될 수 있고, 그렇게 하는 것은 가치 있는 일로 여겨진다. 2022년 초 〈버라이어티Variety〉와의 인터뷰에서 카다시안은 사업을 하는 여성들에게 이렇게 충고했다. '빈둥거리지 말고 어서 일하세요. 요즘에는 다들 일할 생각을 안 하는 것 같네요.'[32] 재능은 필요 없고 그저 일만 하면 된다니, 이보다 더 진정성 있을 수 있을까?

2017년 킴 카다시안이 남편 칸예 웨스트를 옹호하며 테일러 스위프트와 공개적으로 싸우기 시작했을 때, 연예계는 극명하게 두 파로 갈렸다. 웨스트가 자신의 곡

〈페이머스Famous〉에서 스위프트를 '그년that bitch'[33]이라고 표현한 것이 싸움의 빌미였다. 스위프트는 그 가사를 쓰는 것에 동의한 적이 없고 그 가사가 여성혐오적이라고 생각하고 있으며, 그 문제로 인해 칸예와 말다툼을 한 적이 있다고 말했다. 카다시안은 스위프트가 거짓말을 하고 있다면서, 스위프트가 웨스트에게 그 가사를 써도 좋다고 말했던 당시의 통화를 녹음해 두었다고 했다. 카다시안은 녹음 파일을 자신의 스냅챗에 공개했다. 스위프트가 통화 중에 '그년'이라는 표현에 동의한 것처럼 보이지는 않았지만, 그 노래의 다른 부분에 관해 칸예 웨스트와 논의한 것은 사실이었다. 카다시안은 스위프트가 분노하는 것은 웨스트를 이용하여 자신을 홍보하려는 수작이라고 몰아갔다.

스위프트는 진정성이 없다는 것과는 조금 다른 이유로 비난을 받았다. 스위프트는 항상 자신의 이미지를 세심하게 관리해 왔고 흠잡을 데 없이 완벽한 개인 브랜드를 유지하고 있었다. 카다시안과의 싸움에서 스위프트는 홍보팀이 신중하게 선별한 언어로 작성한 성명으로 소통했다. 반면 카다시안은 10여 년간 자신을 노출해 왔던 스냅챗에 글을 올렸다. 스위프트는 처음에는 카다시안으로부터, 그다음에는 온라인 폭도들로부터 진솔하지 못하다는 비난을 받았다.

스위프트가 사회 구조를 왜곡하는 방식으로 자신을 잘못
표현하고 있다는 것이었다. 두 가지 개념 모두 나 자신에게
진실해야 한다는 궁극의 목표는 물론이고, '내가 누구인지'를
깨닫는 것과 관련 있지만 두 사람이 생각하는 '나'와 '누구'의
정의는 달랐다. 트릴링은《성실성과 진정성》에서 '어떤 이가
자신에게 진실한 것이 단지 타인에게 거짓된 모습을 보이지
않기 위해서라면, 과연 그것은 진정으로 자신에게 진실한
것인가?'라고 반문한 바 있다.[34]

안나 레스키에비츠가 당시 〈뉴 스테이츠맨New Statesman〉에
썼던 것처럼, 카다시안과 스위프트의 싸움은 '너무도 다른
두 가지 스토리텔링 방식의 싸움'[35]이었고 '타인에게 거짓된
모습을 보이지 않는 것'이 문제의 핵심이었다. 카다시안의
솔직한 거짓과는 달리, 스위프트의 대중적 이미지는 인위적
진정성이었다. 스위프트는 털털하고 건전했으며, 어쿠스틱
기타와 컨트리 음악이 어우러진 달콤한 노래를 불렀다.
인스타그램은 고양이 사진이나 에드 시런과 주고받은 장난기
넘치는 메시지의 스크린 샷으로 채워졌다. 어떻게 보면
스위프트는 공감 가는 사람이었다. 카다시안 자매들처럼
셀럽을 연기하지도 않았고 어느 정도 자기 자신만을 연기했다.
스위프트는 우리와 비슷하지만 그러면서도 확실히 우리보다

나은 스타, 우리보다 성공적이고 아름답고 재능 있는 스타의
교과서 같았다. 스위프트가 노래에서 채택하는 캐릭터는
극적인 효과와 곧바로 공감이 가는 서사를 위해 과장되는
경우가 많은데, 그런 요소들이 노래에 호소력을 더했다.
그러나 카다시안은 스위프트가 언제나 '희생자 연기'에
뛰어나다고 말했다.[36]

　셀럽의 또 다른 자아와 페르소나는 그들이 진정성
있는 사람이라는 인식에 적극적으로 기여하지만, 그것을
채택하는 과정 또한 진실한 삶의 발현인 경우에만 한한다.
레이디 가가는 한때 자기 자신을 두고 '막간 없는 쇼'[37]라고
표현했다. 레이첼 사이미는 2018년 〈뉴욕 타임스 매거진New
York Times Magazine〉에 실린 레이디 가가의 프로필에 '여러 자아 즉,
실제 자아와 겉으로 드러나는 자아를 분리된 것으로 보는
대신, 레이디 가가는 그 오래된 경계로부터 스스로 해방되는
것이 가능하다고 보았다'[38]라고 썼다. 레이디 가가의 우상인
데이비드 보위[39]는 경력 전반에 걸쳐 변신을 시도했고, 각기
다른 페르소나를 음악을 통해 표출했다. 비욘세는 자신의
분신 샤샤 피어스*가 '나와 나의 진정한 자아를 지켜 준다[40]'고

---

*　비욘세가 자신의 앨범 〈아이 엠 샤샤 피어스 I am... Shasha fierce〉에서 내세운 또 다른 자아

말했다. 팬들이 온라인에서 설전을 벌이고 카다시안의
수단과 방법을 가리지 않는 공격이 극에 달했던 이듬해,
스위프트는 악랄한 여자 캐릭터로 돌아왔다. 스위프트는
음악적으로는 다소 미흡했던 복수의 노래 〈룩 왓 유 메이드
미 두Look What You Made Me Do〉[41]를 리드 싱글로 내세운 새 앨범
〈레퓨테이션Reputation〉을 발표했다. 뮤직비디오에서 스위프트는
카다시안이 뱀 이모티콘 여러 개를 사용하여 자신을 신랄하게
공격한 것을 염두에 둔 듯 뱀으로 온몸을 휘감았다. 언제나
극적인 연출에 뛰어났던 스위프트는 자신의 메시지를 명확히
전달하기 위해 인스타그램의 과거 게시물을 전부 다 삭제했다.
그러나 스위프트의 복수 페르소나는 진정성이 없는 것처럼
느껴졌다. 말하자면 그의 내적 진실과 맞지 않는 것 같았다.
왜냐하면 스위프트는 애초에 페르소나 자체가 필요하지
않은 사람의 이미지를 갖고 있었기 때문이었다. 사람들이
진정성이 없다고 느끼는 것은 캐릭터 자체의 문제가 아니었다.
스위프트는 진심으로 복수를 원했을 것이다. 그보다는
스위프트가 캐릭터를 창조했다는 게 문제였다. 악랄한 여자
캐릭터는 자유를 표방하는 스위프트의 진짜 자아를 제대로
지켜 주지 못했다.

소셜 미디어 시대에는 셀럽이 공유하는 내용 자체만큼

어디까지 공유하는지를 통해서도 많은 것을 알 수 있다.
페르소나와 정직 모두 범위가 무한대이고, 각각의 중요성은
더욱 커졌다. 2013년 비욘세가 HBO에서 제작한 자전적
다큐멘터리 〈라이프 이즈 벗 어 드림Life Is But A Dream〉[42]을 공개한
이후, 비욘세는 침묵했다. 대면 인터뷰도 하지 않았고 소셜
미디어에도 거의 글을 올리지 않았다. 이미 어마어마한
성공을 거둔 그였지만, 여신의 지위를 획득한 것은 바로
그 시점이었다. 한나 이웬스는《팬걸즈Fangirls》에 이렇게
썼다. '비욘세의 침묵은 아무것도 의미하지 않을 수도 있고
모든 것을 의미할 수도 있었다. 비욘세는 누군가일 수도
있고 무언가일 수도 있었다 … 그는 마치 하늘에서 석판을
떨어뜨리는 신처럼 소통한다.'[43] 팬과 대중은 그들 자신이
바라는 비욘세의 이미지에 숭배의 에너지를 쏟아부을 수
있었다. 그렇게 해서 유명한 것으로 유명한 사람이 아닌,
진정한 의미의 아이콘이어서 아이콘이 된 사람의 이미지가
구축되었다.

소셜 미디어가 비현실적인 것을 현실적인 것처럼 보이게

한다면, 리얼리티 쇼는 그 반대로 작동한다. 1973년 미국에서 방영된 〈아메리칸 패밀리An American Family〉[44]는 최초의 리얼리티 쇼로 회자되곤 한다. 이 프로는 캘리포니아의 중산층 백인 가족의 일상을 쫓았는데, 마지막에는 부모의 이혼 과정까지 보여 주게 되었다. 그 프로는 클로에가 〈카다시안 따라잡기〉를 두고 말한 것처럼, 또 〈러브 아일랜드Love Island〉[45]와 같은 최근의 리얼리티 쇼가 그랬던 것처럼 '30분짜리 광고'[46]가 아니었고 이미 세상의 주목을 받고 있던 사람이 등장하지도 않았다. 그저 평범한 일상을 솔직하게 보여 주었다. 그러나 소박했던 본래의 의도에도 불구하고 그 프로에 출연했던 라우드 가족은 이후 그 프로가 자신들의 부정적인 측면을 부각시키는 방향으로 편집되었다며 불만을 터뜨렸다. 당시 비평가들은 그 프로가 애초에 얼마나 '진짜real'일 수 있는지에 대해 회의적이었다. 당연히 카메라의 존재 자체가 출연자들의 연기를 부추길 것이기 때문이었다.

리얼리티 쇼에서 카메라의 존재로 인해 드라마와 서사가 생성되는 것은 결코 우연이 아니다. 패리스 힐튼의 경우처럼 그것은 다분히 의도적이다. 〈아메리칸 패밀리〉의 제작 과정을 다룬 HBO의 영화 〈시네마 베리테Cinema Verite •〉에 관한 글에서, 데니스 림은 '단순한 관찰자가 아닌 촉매제로서 카메라의 잠재적 기능'[47]을 언급했다. 촉매제로의 카메라는 이 장르의 근간이다. 초기 비평가들의 우려처럼 카메라는 출연자의 행동과 표현을 '촉진'하거나 증폭시킬 뿐 아니라, 쇼의 존재를 상징한다. 다른 사람의 '진실'을 화면으로 가져오기 위해 필요한 것은 그뿐이다. 카메라는 리얼리티 쇼 안에서 벌어지는 일들은 물론이고 그 장르의 근간이 되는 과정 즉, 현실적인 상황을 비현실적인 상황으로 바꾸는 과정을 촉진할 뿐 아니라 심지어 견고히 한다.

리얼리티 쇼는 순환적 진정성을 보여준다. 물론 고유한 목적은 '진짜'를 보여 주는 것이지만, 이들 프로가 받는 주된 비판은 가짜라는 것이다. 예를 들면, 자연스럽거나 진솔해 보였던 대화가 실제로는 프로그램의 서사에 부합할 때까지 반복해서 촬영하는 방식으로 프로듀서들에 의해 조작된 것이었음을 이제는 우리도 과거 출연자들의 증언을 통해 알게 되었다. 〈아메리칸 패밀리〉 이후, 작가를 고용하는 것보다 외향적인 사람들 열댓 명을 한 공간에 가두어 놓는 편이 훨씬 저렴하고 재미있다는 사실을 제작사들이

• 프랑스어로 '진실의 영화'를 뜻한다. 1960년대에 등장한 다큐멘터리 영화 운동을 뜻하는 말이기도 하다

인지하기 시작하면서 리얼리티 쇼는 빠른 속도로 진화했다. 리얼리티 쇼는 진정성과 다소 혼란스러운 관계를 유지하고 있는, 셀럽이라는 사회적 신분을 획득하는 지름길이 되었다. 리얼리티 쇼 출신 셀럽은 셀럽과 진정성의 관계를 더 깊은 혼란에 빠뜨렸다. 누가 보아도 미리 설계된 것이 분명한 이러한 유형의 명성에는 당신이 평범한 사람이라는 사실을 당신 자신은 물론 당신의 팔로워 모두가 알고 있는데도, 셀럽인 척 연기하는 것이 필요하다.

다시 말해서 리얼리티 쇼는 현실적인 인물을 비현실적인 인물로 바꾼다. 이 사회가 갈구하는 진정성을 가져와 그것이 셀럽 문화에서 나타나는 혼란스러운 진정성과 비슷해질 때까지 조작한다. 좀 더 단순하게 표현해 보자. 리얼리티 쇼는 실제 인간들을 데려다가 그들을 가짜 사건으로 둔갑시킨다. 과거 〈빅브라더Big Brother〉[48] 출연자들의 목표가 TV 진행자였다면, 이제 리얼리티 쇼 출연은 인플루언서의 길을 열어 준다. 지금은 사라진 〈엑스팩터X Factor〉와 같은 오디션에서는[49] 그러한 전환 과정을 노골적으로 보여줬다. 긴 관문을 통과한 참가자들은 환호하는 관중들 앞에서 화려하게 변신하여 댄서들과 함께 현란한 조명 아래 진짜 팝 스타처럼 공연하는 기회를 얻는 반면, 탈락한 참가자들은 탈락과 동시에

활송 장치를 타고 현실로 미끄러진다. 참가자들은 '사후 관리'가 부족하다고 불만을 토로했다. 심지어 참가자에서 '셀럽'으로의 변신에 성공한 이들조차도 할리우드 배우나 팝 스타와는 상당히 다른 모습을 보인다. 리얼리티 쇼는 현실의 삶을 살아가는 일반인을 연기의 세계로 옮겨 놓지만, 그 세계에 내재하는 진실 또한 잠식한다. 이런 유형의 셀럽은 종잇장처럼 얄팍하다. 그들은 우리와 너무 비슷한데도 아주 멀리 떨어져 있는 것처럼 보이도록 만들어졌다.

〈더 온리 웨이 이즈 에식스The Only Way is Essex〉[50] 나 〈메이드 인 첼시Made in Chelsea〉[51] 같은 '대본 리얼리티'에서는 진정성 여부가 더욱 불투명해진다. 그러나 고백의 방이 있는 저택이 아니라 단지 프로듀서가 시켜서 레스토랑이나 술집 같은 실제 상황에 실제 인물이 투입되는 이러한 유형의 프로가 지닌 대중적 매력은, 등장인물들이 오히려 의도적으로 '리얼리티'를 생성한다는 데 있다. 드라마 대본과 같은 방식으로 주어진 상황에서 등장인물들이 스스로 드라마를 설계함으로써, 정형화된 리얼리티 쇼는 오히려 진정성 있는 인간의 반응과 관계를 강요한다. 그렇게 가짜임에도 진정성의 욕구를 충족하는 것이다. 마찬가지로, 〈빅브라더〉에서부터 요리 경연 프로그램에 이르는 전통적인 리얼리티 쇼는 종종 '셀럽'

버전으로 재탄생한다. 이는 평범함에서 비범함으로 가는 초기의 궤적을 완전히 뒤집어 종종 전환점이 필요한 셀럽을 다시 현실[52]로, 혹은 기괴한 버전의 현실로 되돌려 놓는다.

시청자 참여형 리얼리티 쇼는 셀럽 문화의 기저를 이루는 과정을 그대로 보여 주는 경향이 있다. 리얼리티 쇼는 민주화된 셀럽[53]의 거친 표현이다. 시청자인 우리는, 예를 들면 〈러브 아일랜드〉 같은 프로그램을 시청하면서 좋아하는 사람에게 투표하여 그들을 화면에 남겨 둔다. 일반적으로 〈러브 아일랜드〉에서 오래 버틸수록, 마지막에는 더 유명해지고 인스타그램에서 수영복이나 치아 미백 키트를 판매할 자격을 더 제대로 갖추게 된다. 그렇게 되면 우리는 그들을 팔로우하고, 게시물에 '좋아요'를 누르고, 수영복이나 치아 미백 키트를 구입함으로써 계속 그들에게 투표한다. 비록 진짜 셀럽의 신비로운 매력은 거의 없지만(리아나가 회의실에 들어섰는데 홍보 담당자가 리아나에게 비키니를 입거나 단백질 음료를 마시면 돈을 벌 수 있다고 제안하는 모습은 어쩐지 상상이 되지 않는다), 어떤 면에서는 이 셀럽이 우리와 똑같은 인간이라는 사실이 우리를 안심시킨다.

〈러브 아일랜드〉 참가자에게 투표하는 기준은 〈엑스 팩터〉 참가자에게 투표하는 기준과는 매우 다르다. 이제 경연 대회는 유명무실해졌고 예비 팝 스타들은 온라인에서 그들만의 시청자를 찾을 수 있게 되었다. 〈빅브라더〉 모델을 기반으로 하고 있지만 참가자가 젊고 독신이며 매력적이어야 한다는 조건이 추가된 〈러브 아일랜드〉에서는 킴 카다시안이 말한 것처럼 특별한 재능을 보여줄 필요가 없다. 크게 보면, 그저 자기 자신인 것에 뛰어나면 된다. 2018년 참가자 대니 다이어처럼 진솔함으로 인기를 끈 사람들도 있었고, 2019년 참가자 모라 히긴스처럼 직설적으로 말하는 외향성과 특유의 개성을 표현하는 능력으로 사랑받은 사람들도 있었다. 그들은 자기 자신이라는 이유로, 그들 자신에게 진실한 삶을 산다는 이유로 찬사를 받았다. 이것은 진정성을 위한 진정성이라고 말할 수 있다.

리얼리티 쇼는 더 이상 현실을 민낯 그대로 보여 주는 것에 연연하지 않는다. 그런 것들이라면 핸드폰에도 넘쳐난다. 대신 어떤 대가를 치르더라도 자기 자신의 진실에 따라 살아가는 삶을 옹호하여 그 위상을 지킨다. 기존의 셀럽들은 우리가 따라 할 수 있는, 자기 자신으로 사는 기술의 예시를 제공하지 못했다. 그들은 너무 가식적이었고 너무 재능이 뛰어났으며 너무 부유했다. 반면 리얼리티 쇼의 스타들은 불과 얼마 전까지만 해도 지극히 평범한 사람이었는데도 멋지고 노련하게 그들 자신일 수 있었다. 얄팍하거나 불순한 의도를 품고 있을지언정, 그들은 진정성이라는 갑옷의 보호를 받는다. 〈러브 아일랜드〉의 스타 몰리 메이 헤이그가 패스트 패션 업계에서 경력을 쌓은 것만 보아도 알 수 있다. 잠시 이러한 연기의 그물에서 벗어나 보면, '자신의 진실에 따라 산다'는 말이 인식론적 관점에서 비논리적임을 알 수 있다. 우리가 하는 모든 일은 객관적 현실 속에서 일어난다는 점에서 '진실'이기 때문이다. 따라서 리얼리티 쇼의 세계는(그 뒤를 잇는 온라인 세계까지 포함해서) 카다시안 가족들의 경우처럼, 가짜와 부도덕이 진정성 있는 것으로 여겨지는 세계다. 성형 수술과 지나치게 보정한 사진은 자신의 불안이라는 진실에 따라 사는 것이다. 리얼리티 쇼의 계략에 동참하겠다는 결정은 인플루언서로서 자신의 잠재력을 최대한 끌어내기 위해 진정성 있게 노력하는 것이다. 착취적인 패션 브랜드와의 협업은 모델로의 자신의 역량을 진정성 있게 실현하는 것이다. 진실에 따라 사는 삶은 무엇보다도 중요하고, 따라서 모든 행동에 동등한 무게가 부여된다.

　　마찬가지로 페르소나의 구축은 셀럽 예술에 바치는 최고의 찬사라고 볼 수 있다. 그런 관점에서 본다면 리얼리티 쇼 문화는 다시 원점으로 돌아온 셈이다. 역사적으로

진정성을 전달하기 위해 필사적으로 노력해 왔던 셀럽
문화를 모방하려고 의도적으로 가짜 세상을 만든 것이기
때문이다. 어쩌면 샤워실에 카메라를 설치해 놓고 살아온
사람들에게 진정성은 애초에 중요하지 않았기 때문인지도
모른다. 공인의 반열에 오르기 위해 그들은 이러한 평범함과
존재감 그리고 약간의 비범함과 부재 사이에서 균형을 잡아야
한다. 〈온리 웨이 이즈 에식스〉로 유명해진 젬마 콜린스는
〈셀러브리티 빅브라더Celebrity Big Brother〉[54], 〈아임 어 셀러브리티…
렛 미 아웃 오브 히어!I'm a celebrity… Get Me Out of Here!〉[55], 〈셀럽스
고우 데이팅Celebs Go Dating〉[56], 〈댄싱 온 아이스Dancing On Ice〉[57],
〈셀러브리티 마스터셰프Celebrity MasterChef〉[58]를 통해 자기만의
브랜드를 구축했으며, 자신의 리얼리티 쇼 〈젬마 콜린스: 디바
포에버Gemma Collins : Diva Forever〉[59]에서는 직설적인 화법과 공감
가는 성격으로 눈길을 끌었다. 어느덧 경력 10년 차에 접어든
콜린스는 페르소나로도 유명하다. 젬마 콜린스는 '여전히
자신의 빨래를 직접 세탁기에 집어넣는 사람인'[60] 반면,
콜린스의 유명한 페르소나인 디바 GC는 화려하다. 콜린스는
〈바이스Vice〉와의 인터뷰에서 'GC는 하나의 캐릭터이며, 아주
재미있는 사람'[61]이라고 말했다.

콜린스가 GC를 독립된 인격체로 내세운 것은 어떻게

보면 셀럽은 자기 자신이어야 한다는 개념과 상반된 것처럼 보일 수도 있지만 사실 같은 개념의 연장선상에 있다. 킴 카다시안과 마찬가지로, 콜린스 역시 그 사실을 간파했다. 얼마나 많은 페르소나를 가졌는지는 중요하지 않다. 당신이 페르소나들을 전부 다 공개하는 한. 콜린스는 소셜 미디어나 인터뷰에서 자신의 '진짜 자아'를 드러내고, GC는 TV용으로 투입한다. 단순히 실행하는 것에서 멈추지 않고 그 사실을 고백하는 것은 최상의 진정성을 염두에 둔 행동이다. 대형 셀럽으로서 자신의 위치를 알고 있다는 점에서 이것은 일종의 성실함일 뿐 아니라 대중이 듣고 싶어 하는 말을 행동으로 보여 준 것이다. 즉 젬마 콜린스는 자신을 잘 알고 있다. 두 개의 자아를 인정하는 것은, 거칠게 표현하자면 젬마 콜린스에게 내적 자아가 있고 그것을 엿볼 수 있는 특권을 우리에게 주겠다는 뜻이다. 콜린스의 페르소나는 진실을 숨기는 것과는 거리가 멀다. 그것은 콜린스가 생각하는 진정성에 적극적으로 기여한다.

2010년대 중반 제니퍼 로렌스 열풍이 불면서 셀럽들이 광적으로 진정성을 추구한 이후, 대중의 욕구는 다소 변화했다. 소셜 미디어가 포화 상태라는 인식이 있었고 더 이상 스타들의 일상을 보고 싶지 않다는 공감대가 형성되었다. 평범한 스타들의 모습을 보는 것도 좋았지만 그보다는 그들이 다시 연기해 주기를 원했다. 그렇다고 해서 우리가 진정성을 덜 중요하게 생각한다는 뜻은 아니다. 비록 비범함을 타고난 그들이지만, 우리가 그 어느 때보다도 그들이 그들 자신이기를 원한다는 뜻이다.

부어스틴은 셀럽과 영웅을 명확하게 구분했다. 그것을 가짜 우상과 진짜 우상으로 해석할 수도 있겠지만, 그런 단순한 이분법은 더 이상 존재하지 않는다. 그는 이런 멋진 글을 썼다. '우리는 셀럽을 만들 수 있으나 영웅은 결코 만들 수 없다. 지금은 거의 잊힌 개념이지만, 모든 영웅은 자수성가형이다.'[62] 그러한 관점에서 본다면, 카다시안 가족은 셀럽이자 영웅이고, 가짜이면서 진짜라고 볼 수 있다. 그는 또 이렇게 썼다. '영웅은 그들의 업적으로, 셀럽은 그들의 이미지나 상표로 식별된다. 영웅은 자신을 창조하지만, 셀럽은 미디어에 의해 창조된다. 영웅은 큰 사람big man이고, 셀럽은 큰 이름big name이다.'[63]

셀럽 문화 전반에 걸쳐 우리는 그의 말이 더 이상 맞지 않음을 확인할 수 있다. 진정성을 추구하고자 하는 셀럽의 시도는 우여곡절 끝에 원점으로 돌아왔지만, 그렇다고 해서 그들을 진정성이 전혀 없는 사람들로 분류할 수는 없다. 부어스틴의 영웅처럼, 셀럽이 살아남기 위해서는 '큰 사람'이 되어야 한다. 한 개인으로서 자아에 대한 확고한 인식이 있어야 하고, 그것을 모두가 볼 수 있도록 드러내야 한다는 뜻이다. 셀럽은 더 이상 미디어에 의존하지 않고 소셜 미디어에 게시물을 올림으로써 자신을 창조한다. 셀럽은 이미지로 규정되지만, 그 이미지는 셀럽 자신의 진정한 자아여야만 한다. 그러한 자아를 찾는 것 그리고 대중 앞에서 그 진실에 따라 사는 것이야말로 스타가 되기 위해 당신이 이루어야 하는 전부이다.

2

예술

소설가 올리비아 수직은 자신의 에세이 《엑스포저Exposure》[1]에서 '글을 쓰는 것은 다소 비현실적인 기분(미쳐가는 듯한 기분)을 유발하지만, 타인의 감정 분출을 읽는 것은 종종 그 반대의 효과를 낸다'[2]라고 썼다. 수직은 '안전거리를 유지하며 살아 있음을 느끼기 위해'[3] 글을 읽는다고 했다. 수직의 이러한 개념은 예술가로 인식되는 자의 작품 속 자아 문제를 다룬 에세이에서 두드러진다. 그는 여성의 작품은 '자전적 소설'로 해부되고 분석된다고 썼다. 여성이 허구를 쓰면 진실로 읽히고, 진실을 쓰면 허구로 읽힌다고[4] 수직은 말한다. 또한 페미니스트의 관점에서, 우리가 예술에 진정성이 있어야 한다는 강박에 사로잡혀 있음을 폭로한다. 하지만 글쓰기가 우리에게 비현실적인 느낌을 주고 읽기가 그 반대의 역할을 한다면, 예술에서의 '진정성'이란 작가의 진실이라기보다는 독자에게 불러일으키는 감정에 관한 것임을 알 수 있다.

자신을 좀 더 잘 알기 위해 타인에게서 자신을 보고자 하는 우리의 욕망이 아마도 현대 사회에서 자전적 소설 즉, 작가 자신의 삶을 바탕으로 한 소설에 대한 집착을 부추겼을 것이다. 작가들이 이런 식으로 내면을 드러내어 취약해지면, 독자들은 자신의 진정성을 확인하며 힘을 얻고 안도한다. 혹은 강력한 '타자'의 세계에 완전히 몰입하여 유동체가 되는 경험을 한다. 저자의 정체성이 확고하게 고정되어 있을 때, 독자는 작가를 정신적 지주 삼아 비로소 생각들과 자기 인식을 자유롭게 펼쳐볼 수 있는 것이다. 이것은 일종의 공감성으로 표출된다. 타인이 드러낸 자아로 의해 우리 자신을 더 잘 이해하게 되거나 그 타인이 우리 자신보다 우리가 느끼는 감정을 더 잘 포착하고 표현했다고 느끼는 것이다. 예술 작품이 어떤 식으로든 타인의 내면세계를 드러낼 때, 우리가 그 작품에 완전히 몰입하려면 일종의 굴복이 필요하다. 그것은 일종의 신뢰 연습이다.

이름을 밝히지 않은 미국 어느 도시의 예술 학교를 배경으로 한 수잔 최의 2019년 동명 소설《신뢰 연습Trust Exercise》은 자전적 소설의 경계와 소설 속 진정성의 역할을 탐구한다. 우리는 연기acting가 '가상의 상황 속에서 진정성 있는 감정에 충실하기'임을 배운다.[5] 《신뢰 연습》은 소설의 서술자가 말하는 진실을 과연 믿을 수 있는지 의문을 제기하는 한편, 소설 자체의 한계를 탐구한다. 진실이 아닌 것들 속에서 진실의 역할에 대해, 그리고 그 반대에 대해. 소설은 사라의 관점에서 3인칭으로 쓴 성장 소설이자 연애 소설로 시작된다. 사라는 데이비드라는 또 다른 학생과 불같은 사랑을 한다. 그들의 교사 킹슬리는 학생들 앞에서 일련의 굴욕적인 신뢰 연습을 통해 사라에게 자신의 솔직한 감정들을 인정하라고 강요한다. 사라는 파티에 가고, 남자들과 자고, 몇 시간을 걸어 집으로 돌아온다. 그러나 이 질척이는 10대들의 이야기가 절정에 달할 즈음, 이야기는 중단된다. 그리고 소설의 서사는 '신뢰 연습'이라는 제목의 새로운 이야기로 전환된다.

여기서 새로운 화자가 등장한다. '카렌'. 우리가 들어본 적 있는 이름이다. "카렌"은 자신의 이름이 실제로는 "카렌"이 아니지만, "카렌"이라는 이름을 읽는 순간 그게 자기 자신임을 바로 알았다고 말한다.[6] 카렌은 자신의 오랜 친구인 사라가 예술 학교 시절의 이야기를 책으로 썼고, 그 책에서 자신이 열외 취급을 당했으며, 자신의 진실이 은폐되었다는 사실을 알게 되었다. 카렌은 1인칭과 3인칭을 오가며 공백을 채워 나가기 시작한다. 카렌은 자신이 겪은 일에 대해, 그리고 사라의 이야기 속에서 자신이 별 볼 일 없는 존재로 묘사되는 것에 대해 끓어오르는 분노를 느낀다. '체호프가 말한 것처럼 2막에서 총소리를 들으려면 1막에서 총이 나와야 해.' 소설 2부의 연극 리허설 장면에서 카렌이 한 말이다. 그런데 카렌의 말은 누군가에 의해, '사실 체호프는 1장에서 총을 봤다면 2장에서 총이 발사되어야 한다고 말했어. 하지만 결국엔 그 말이 그 말이니까'[7]라고 정정된다.

《신뢰 연습》을 통해 수잔 최는 소설이 모든 이의 진실을 동시에 아우를 수 없음을 폭로한다. 모두에게 진정성이 있어야만 한다는 생각에 갈수록 집착함에 따라, 우리는 예술 전반에 걸쳐 소설은 물론이고 대중음악의 영역에서도 우리 자신의 모습으로 번역될 수 있는 자아의 흔적을 찾는다. 이러한 경향으로 인해 우리는 예술가들의 작품에 불필요한 추궁을 하게 되었고 누가 어떤 이야기를 해야 하는지 논쟁하게 되었으며 때로는 예술을 창조하는 새로운 방식을 개발하기에 이르렀다.

베를린 예술 대학의 미디어 이론가 브리기테 바인가르트는 현실과 상상의 충돌이 극명하게 드러나는 장르인 자전적 소설에 대해 2019년에 이런 글을 썼다. '소위 일상의 소소한 사건들이 소셜 미디어에서 가치 있는 자원으로 거래된다면, 문학 작품에도 영향을 미칠 수밖에 없다.'[8] '날것'이고 공감 가는 책들이 갈수록 출판 시장을 점령하는 현상은 자신의 이야기를 서사화하려는 대중의 열망이 반영된 것이다. 언론계와 출판계 전반에 걸쳐 자전적 소설에 대한 논의가 활발히 이루어지는 것 또한 마찬가지다. 자전적 소설은 1977년 세르게이 두브로프스키가 자신의 소설 《휠스Fils》를 설명하면서 처음 사용한 용어이다. 최근에는 자전적 요소를 지닌 모든 허구의 작품에 광범위하게 사용되고 있다. 오늘날의 기준으로 보았을 때, '자전적 소설'이라는 분류는 현실과 상상의 경계에 대한 탐구가 일상화되기 이전에 출간된 수많은 소설에 소급 적용된다. D. H. 로렌스의 《아들과 연인Sons and Lovers》[9], 찰스 디킨스의 《데이비드 카퍼필드David Copperfield》[10]를 예로 들 수 있다. 진정성에 대한 집착이 자전적 소설에 대한 현대인의 열광을 더욱 부추긴다. 자전적 소설에 대한 논의는 작품 자체의 서사에서나, 더 크게는 진화하는 문학

정전에서나, 자아와 자아의 정당성에 초점이 맞추어져 있다. 어떤 작품에 '자전적 소설'이라는 꼬리표를 붙이는 행위는 과거에는 암묵적이었던, 작품이 실제와 허구의 결합이라는 사실을 명시한다. 그러한 명시가 오히려 그 혼합물을 망가뜨린다.

《신뢰 연습》에서 카렌은 사라의 자전적 소설을 읽고 '사라의 계략이 너무 단순'하다면서, "'진실'을 존중하는 마음에서였을까? 상상력의 고갈이었을까? 암호가 쉽게 해독된다는 것은 좋은 것일까? 아니면 나쁜 것일까?'"라며 비웃는다. 물론 나쁜 것이다. 자전적 소설의 '진정성'은 그 자체가 치명적인 결함이다. 비록 작가 자신에게는 진실할 수 있어도 그 과정에서 소설이라는 매체에는 터무니없을 정도로 진실하지 않다. **소설**이라는 작품의 위상에 걸맞는 진정성이 없기 때문이다. 어떤 작품이 소설로 인식되는데 사실 그 일부가 회고록이라면, 우리가 읽고 있는 것이 무엇인지 대체 어떻게 알겠는가? 허구라고 생각하고 읽은 것이 실화를 바탕으로 한 이야기임을 알게 되었을 때 독자는 배신감을 느낀다. 소설가의 임무는 획기적인 작품을 쓰는 것, 눈앞에 보이는 세계를 초월하는 것 아니었던가? 소설을 쓰는 것이 단순히 자신의 이야기를 들려주는 것이라면, 그리고 누구에게나 자기만의 이야기가 있다면 누구나 소설을 쓸 수 있는 것 아닌가? 노골적인 자서전의 느닷없는 등장은 소설 읽기의 고독하고도 은밀한 경험에 흠집을 내며 환멸을 유발할 수 있다. 일탈을 꿈꾸며 소설을 읽었는데, 결국 우리가 마주한 것이 암울한 현실이었다니.

작품 속에서 작가의 존재가 선명하다고 해서 그것이 반드시 독자의 진정성 있는 경험으로 이어지지는 않는다. 오히려 그 반대일 수 있다. 라이오넬 트릴링이 말한 것처럼, 20세기 초 모더니즘 문학은 '충격적일 정도로 사적이어서 우리가 결혼 생활에, 직업에, 교우 관계에 만족하는지를 묻고 … 우리 자신에게 만족하는지 묻는다.'[12] 그런데도 작가들은 자아를 초월한 예술가임을 자처한다. 제임스 조이스는 '예술가의 개성은 … 존재하지 않음으로 마침내 스스로 정제되는 것'[13]이라 했고, T. S. 엘리엇은 '예술가의 발전은 … 지속적인 개성의 소멸'[14]이라고 했다. 트릴링은 그렇다고 해서 진정한 자아에 대해 질문하게 하는 작품의 힘이 쇠퇴하는 것은 아니며, 그들의 진실은 작품 속 더 깊은 곳에 박혀 있는 것뿐이라고 했다.

물론 작가들은 어떤 의도에서건 수 세기에 걸쳐 자기 자신에 관한 글을 썼다. 괴테는 자신의 실연을 감당하기 위해《젊은 베르테르의 슬픔 The Sorrows of Young Werther 》[15]을 썼다.
필립 로스는 1984년 〈파리 리뷰 Paris Review〉와의 인터뷰에서 '내
삶에서 실제로 펼쳐지는 드라마를 바탕으로 가짜 전기를 쓰고,
거짓 역사를 만들고, 절반의 상상으로 존재를 지어 낸다'[16]고
했다. 프란츠 카프카는 '글을 쓴다는 것은 자신을 과하게
드러내는 것'[17]이라고 썼다. 나아가서 소설가들은 자신들의
작품이 조잡한 이분법을 통해 폄하되는 것에 항의해 왔다.
나보코프는 1944년에 쓴 니콜라이 고골의 전기에서 '예술
작품이 "실화"를 바탕으로 해야 한다는 사실(대체로 거짓이며
전혀 무관한데도)에서 희열을 느끼는 병적인 성향'에 대해
꼬집었다.[18] 그로부터 10년 뒤 나보코프는《롤리타 Lolita 》[19]를
출간했다. 롤리타의 서술자는 누구라도 예술적 거리를 두고
싶어 할 인물이었다.

　　최근에는 작가들이 자전적 소설이라는 꼬리표를
거부하기도 하는데, 어쩌면 전혀 놀랍지 않은 일일 수도 있다.
수직이《엑스포저》에서 분석했던 것처럼 여성의 글을 '사적인
것'으로 분류하고 남성의 글에서보다 글의 진정성을 더 문제
삼는 경향은 이제 자전적 소설마저도 정치적 의미를 지닐 수
있으며, 독자가 작품에 의구심을 품을 빌미를 더 많이 제공할
수도 있다는 뜻이다. 2017년 소설《아이 러브 딕 I Love Dick 》[20] 이

다시 인기를 끌 무렵, 작가 크리스 크라우스는 〈더 컷The Cut〉과 인터뷰를 했다. '모든 문학 작품은 자전적이에요. '남성인 "나"는 온갖 개소리를 해대죠. 그러나 여성이 개소리를 하는 순간, 그 여자는 자기 자신에 대해서만 자기 문제에 대해서만 이야기하는 사람이 되어 버려요 … 나의 소설에, 그리고 수많은 이들의 작품에 "자전적"이라는 꼬리표가 붙지만 나는 절대 그 말을 사용하지 않을 거예요.'[21] 유사한 예로, 종종 자신과 놀라울 정도로 닮은 주인공을 등장시키는 제니 오필은 여성 작가의 작품에서 '사적인' 측면에 초점을 맞추는 것이 작품의 지적 또는 예술적 가치를 훼손한다고 지적했다.[22]

여성 작가들은 유독 딜레마에 처했다. 그들은 사적인 이야기를 쓴다는 이유로 폄하되면서도 한편으로는 진정성을 요구받는다. 대중의 시선 속에 사는 사람들이라면 누구라도 그렇듯이, 자신의 취약성을 드러내는 것은 자기 자신과 교감하고 있음을 증명하는 것이다. 당신은 '공감 가는' 사람이 된다. 독자들은 당신을 통해 자신의 진정한 자아를 체험할 수 있다. 자기 검열을 독려하는 동시에 경멸하는 경향은 단지 소설에만 국한되지 않는다. 온라인의 '사적인 에세이'는 새로운 매체 환경에서 화제성을 노리는 젊은 편집자들 사이에 열풍을 일으켰다. 시사 문제에 관한 전문가의 통찰보다 독특하고 사적인 이야기의 조회수가 더 높은 것 같다.

누군가의 삶에 관한 이야기를 읽는 일은 자신의 이야기와 비교하며 약간의 **샤덴프로이데**˙를 느끼거나, 혹은 당신이 혼자가 아니라는 사실에 안도할 수 있다는 점에서 매력적이다. 최근 몇 년간, 서른 살 미만 여성의 회고록이 쏟아져 나왔다. 노인들은 대체 얼마나 오래 살았다고 그런 글을 쓰나 하는 의문을 품었던 반면, 저자와 같은 나이에 비슷한 배경을 가진 독자들에게는 그것이 중독성 있는 읽을거리임이 입증되었다. 소설이 처음 등장했던 시기에는 여성의 신비에 대한 가부장적 매혹 혹은 두려움으로 인해 소설 읽기가 여성을 타락시킬 것이라는 우려가 있었다. 여성이 소설에 등장하는, 결함이 있고 순수하지 못한 인물에 과도하게 동화되어서 결국 자신의 의무를 저버리지 않을까 하는 우려였다.[23] 여성 작가의 완벽한 투명성에 대한 열망도 그와 같은 우려의 연장선상에 있다. 여성이 자신의 본모습을 드러내는 순간, 대중은 그것을 여성의 가치를 검증할 기회로 본다. 여성은 예측 불가능하고 신뢰할 수 없는 존재이므로. 여성 독자들은 그 어느 때보다 결함 있는 캐릭터를 통해 '타락'하거나 그 캐릭터에 투영된 자신을 보고

˙   schadenfreude, 타인의 불행이나 고통을 보고 느끼는 기쁨을 뜻하는 말

싫어 한다. 그것은 여성들이 의무감에 사로잡혀 억압당하고
있어서라기보다는 자신이 누구인지 알아야 한다는 문화적
사명감 때문인지도 모른다.

작가는 자신을 숨길 때 모든 권력을 갖는다. 그러다가
의도적으로 자신을 드러내는 순간, 사적인 자아는 물론이고
저자로서의 자아를 드러내는 순간 권력은 역전된다. 자전적
소설은 독자를 무장 해제시킬 수 있지만 한편으로는
독자에게 권력을 부여한다. 2020년 잡지 〈무스Mousse〉에서
필립 한달은 자전적 소설의 장점이 '창작의 조건을 가감
없이 드러낼 수 있는 것'이라고 말했다.[24] 소셜 미디어에 올린
셀카 한 장은 당신이 입고 있는 옷과 표정을 드러내 주는
것은 물론이고, 당신이 휴대폰을 꺼내 카메라를 켜고 보여
주고 싶은 이미지를 제대로 포착했다는 생각이 들 때까지
계속 그 자리에 서서 자신을 찍었다는 사실 또한 드러낸다.
마찬가지로, 자전적 소설 역시 의식적 예술 창작의 과정을
드러낸다.

로렌 오일러는 2020년 발표한 소설 《가짜 계정Fake
Accounts》[25]을 통해 캐릭터의 구성이 작가, 독자, 주인공 간
권력의 역학에 미치는 영향을 탐구한다. 오일러의 작품 속
익명의 서술자는 단지 따분하다는 이유로 새로운 신분을

만든다. 소설 속 다른 인물들에게 병적일 정도로 진실하지
못한 서술자의 모습을 보면서, 우리는 과연 그를 신뢰할 수
있는지 의문을 가진다. 그런데도 서술자가 오일러와 닮았고
소설의 구조를 상기시키며 제4의 벽을 허문다는 점에서
서술자는 현실에 —우리의 현실에 —기반을 두고 있다.
소설의 서사는 '시작', '중간(무슨 일이 일어남)', '중간(아무
일도 일어나지 않음)'으로 명확하게 구분된다. 이러한 자아
인식은 서사를 끌고 가는 오일러에게 권력을 부여하지만,
그와 동시에 오일러는 독자의 시선에 취약해진다. 주인공이
데이트 앱에서 여러 개의 페르소나를 만들 때, 주인공은
자신의 진정성 없음을 의식한다. 주인공은 '심지어 유혹의
말조차도 나 자신이 아닌 가상의 페르소나에게서 영감을 받은
것이다'[26]라고 말한다. 정체성에 대한 주인공의 자유분방함에
대해 다른 인물들, 특히 '전 남자친구들'로 구성된 그리스
합창단이 변명을 하기도 하고 은근히 놀리기도 하는데,
그들은 정서적으로 불안정한 주인공에 대한 독자의 짜증을
투영하며 그것을 누그러뜨린다. 그러나 그 모든 분석은
오일러 자신으로부터, 그리고 서술자로부터 나온 것이다.
주인공은 언제나 한발 앞서거나 한발 뒤처진다. 여러 개의
정체성에 관한 남자친구 펠릭스의 견해에 주인공은 이렇게

말한다. "자기 자신을 놓고 어떤 식으로든 단정하면 결국엔 사람들 앞에서 그 말을 수정하고, 사실 자신이 생각하는 만큼 자신에 대해 잘 알지 못했다는 점을 인정하는 상황에 놓이게 돼."[27] 최와 마찬가지로, 오일러는 현실reality은 비현실unreality을 배제하지 않으며, 그 반대 역시 마찬가지임을 보여준다. '진실'이 반드시 진정성을 의미하는 것은 아니다.

✱

　　이야기의 소유권 문제는 작품 속 자아에 대한 집착의 핵심이다. 2017년 〈뉴요커〉는 당시 무명이었던 작가 크리스틴 루페니안의 '고양이를 좋아하는 사람'[28]이라는 단편을 게재했다. 연상의 남자와 데이트하는 젊은 여자에 관한 이야기로, 여자는 남자를 좋아하면서도 약간 한심하다고 생각한다. 불편한 섹스 장면에서 여자는 남자가 실제로 구역질을 유발한다는 사실을 깨닫고 남자와 거리를 두려 한다. 그는 마지막 반전에서 여자를 흥분시킨다. 이 글은 인기를 끌었고 그해 가장 많이 읽힌 글로 선정되었다. 다소 불편한 소재를 다룬, 고통스러울 정도로 공감 가는 이야기였기 때문이었다. 당시 루페니안은 여성의 작품에서 개인사의 흔적을 파헤치는 통상적인 사후 조사의 표적이 되었고, 독자들은 그 소설이 작가 자신의 연애사를 반영했다고 추측했다. 어쨌건 루페니안은 수백만 달러 상당의 출판 계약을 체결하는 데 성공했고, '고양이를 좋아하는 사람'은 그렇게 온라인의 집단 기억에서 사라졌다.

'고양이를 좋아하는 사람'의 진정성이 다른 의미를 갖게 된 것은 알렉시스 노위키가 쓴 '고양이를 좋아하는 사람과 나'라는 에세이가 〈슬레이트Slate〉에 게재되면서부터였다. 노위키는 '그 글이 나의 삶과 너무 유사해서 섬뜩했다'면서, '이게 단지… 우연의 일치였을까? 아니면 내가 한 번도 만나 본 적 없는 루페니안이, 어떤 식으로든 나에 대해 알았던 걸까?'[29]라고 썼다. 유명해진 루페니안은 〈뉴요커〉와의 인터뷰에서 자신이 쓴 단편은 온라인에 있는 끔찍한 경험담에서 영감을 받은 것이라고 말한 적이 있었다.[30] 〈뉴욕 타임스〉가 그 발언이 사실인지를 묻자 루페니안은 '그 글과의 만남 이후 바로 단편을 쓰기 시작했어요. 그 단편은 자전적 소설이 아니에요. 물론 소설 속의 세부 사항들이나 감정에 관한 내용들은 수십 년에 걸쳐 축적된 저의 실제 경험에서 우러나온 것이지만요'[31]라고 답했다. 그러나 문제의 '만남'은 실제 만남이었던 것으로 밝혀졌다. 소설의 내용은 노위키와

노위키의 전 남자친구 사이에서 일어난 일이었다. 그런데
노위키의 전 남자친구가 루페니언에게 자신과 노위키의
관계를 털어놓았다. 그 결과, 루페니언이 노위키에게 보낸
이메일에서 설명했듯이(그 메일은 〈슬레이트〉에 게재되었다),
대체로 상상의 산물인 루페니언의 소설에 과거 혹은 현재의
사적인 경험이 스며들게 된 것이었다.[32] 소설이 인기를 끌고
(남성)독자들로부터 공격받게 되자, 루페니언은 자신의
사생활과 소설을 분리하여 그 이야기가 사실이 아님을 분명히
할 필요가 있다고 생각했다. 그러나 독자들이 그 소설을 읽고
그 속에서 자신의 모습을 발견한 순간, 소설은 실화가 되어
버렸다. 그 소설이 인기를 끈 이유는 누구나 겪어 보았을
'진실'을 폭로하고 있었기 때문이었다. 그러나 그것이 반드시
루페니안의 이야기일 필요는 없었다.

　　우리가 이런 이야기에 끌리는 이유는, 부분적으로는
사생활이라는 보편적이고도 우려스러운 주제가 포함되어
있기 때문이다. 이들의 사연은 인터넷이 어떻게 '내 것'의
경계를 흐리는지를 폭로한다. 2021년 〈뉴욕 타임스〉는
'나쁜 예술가 친구는 누구인가?'[33] 라는 기사에서 두 작가의
이야기를 다루었다. 둘 중 한 명은 신장 기증 같은 자신의
내밀한 사생활을 온라인에 공유하는 것을 좋아했는데, 다른 한

명이 그의 사생활을 자신의 작품에 담았다. 그 일로 첫 번째 작가는 극심한 고통을 겪었고 두 사람은 결국 법정 다툼까지 벌이게 되었다. 누구나 글을 쓰는 것은 아니고 누구나 신장을 기증하는 것도 아니지만, 많은 사람들이 자신을 소셜 미디어의 캐릭터로 만들고 있다. 만약 우리가 공유한 사건을 누군가가 자신의 예술 작품에 도용한다면, 그래도 그 사건이 여전히 우리 것이라고 말할 수 있을까? 실제 사건이 우리 것이었듯이, 그 사건과의 교감은 오직 그들 자신의 주관적 경험의 일부일 텐데도? 그들은 우리 자신의 진정한 일부를 가져가는 것일까? 아니면 이미 조작된 무언가를 가져가는 것일까?

그러한 행위의 정당성 여부와는 별개로, 자신의 이익을 위해 다른 사람의 경험을 도용하는 것은 당사자에게 심리적 충격을 줄 수밖에 없다. 그것은 주체성을 말살하는 행위다. 이야기의 당사자가 자신의 관점에서 서술할 기회가 사라져버리기 때문이다. 실제로 노위키는 '고양이를 좋아하는 사람'으로 인해 그 사건에 대한 자신의 기억을 의심하게 되었고 전 남자친구가 자신이 기억하는 것보다 더 나쁜 사람이었는지 궁금해졌다고 했다.[34] 그러나 우리가 노위키와 그의 '나쁜 예술가 친구' 그리고 《신뢰 연습》을 통해 알 수 있듯이, 이러한 상황은 작품의 독자가 진실을 훼손당한 당사자일 때에만 세상에 드러난다. 독자들은 특정 주제에 관한 작가의 권위를 기꺼이 받아들이는 경향이 있다. 그리고 그것이 바로 작가의 진정성 즉, 작가가 자기 자신에게 진실한가가 그토록 중요한 문제인 이유 중 하나다. 이것은 개인의 진실뿐 아니라 집단적 진실에서도 마찬가지이다. 여기서 우리 시대의 가장 중요한 논쟁이 부상한다. 작가가 자신과 전혀 다른 삶을 살아온 인물의 관점에서 글을 쓰는 것이 허용되는가? 아니면 오직 작가 자신이 아는 것에 관해서만 글을 써야 하는가?

이러한 질문이 사적인 글쓰기의 경제성을 높이고 있음을 간파하기란 어렵지 않다. 그리고 거기에는 작품의 출처를 향한 불필요한 관심 또한 반드시 포함된다. 작가는 자신에 관한 글을 씀으로써 다른 사람의 진실을 자신의 것인 양 썼다는 비난으로부터 자신을 보호할 수 있다. 자신의 경험담을 이야기할 권리에 대해서는 누구도 반박할 수 없다. '자전적 소설'이라는 꼬리표 혹은 온라인 기사에 붙는 '사적인 에세이'라는 수식어는 독자와 작가 모두에게 안전망을 제공하며, 작가가 타인의 문화나 정체성에 대해 부적절한 발언을 하는 실수는 없을 거라고 보장한다.

역사적으로 그리고 지금도 여전히 다양성이 부족한

출판과 예술 분야에서 이러한 질문은 특히 중요하다. 백인
작가가 유색 인종의 관점을 설명하려는 시도는 역사적으로
억압당한 당사자들의 목소리가 절대적으로 부족한 출판계의
현재 여건에서는 바람직하지 않다. 이야기를 전달하는
목소리의 다양성 없이 이야기 자체의 다양성만을 추구하는
것은 불평등을 고착할 뿐이다. 만약 소설이 연기처럼 '가상의
상황'에서 '진정성 있는 감정'의 전달에만 의존한다면, 작가가
자신이 전달하고자 하는 감정을 소환하고 그것에 공감할 수
없을 때 소설은 제대로 작동할 수 없다. 문제작《아메리칸
더트 American Dirt》[35]를 쓴 작가 제닌 커민스에게도 그런 비난이
쏟아졌다. 백인 여성인 커민스는 국경을 넘어 미국으로
이주하려는 두 멕시코 이민자의 이야기를 썼다. 그는 종종
'얼굴 없는 갈색 무리'로 그려지는 이들을 인간화하려는
의도였다고 해명했다.[36] 그러나 작가 자신이 온전히 이해할
수 없는 경험을 이야기하는 것이 그 문제를 고착하는 것 외에
무슨 일을 할 수 있을까. 더구나 정작 분노한 언론을 도배한
것은 작가 본인의 얼굴이었다.

아무것도 모르는 작가가 고정관념을 고착하거나
귀중한 지면을 점령하지 않도록 아는 것만 써야 한다는
원칙을 받아들인다고 하자. 두 번째 문제는 그것이 다른

작가들의 자유를 제한할 수도 있다는 점이다. 특정 정체성을 가진 이들에 관한 글이 그 정체성의 영향을 직접 체험한 이들에게만 허락된다면, 오히려 그들이 '정체성 글쓰기'에 갇힐 위험이 있다. 방글라데시에서 성장한 모니카 알리는 데뷔작인 《브릭 레인Brick Lane》[37] 이후 발표한 작품들에 대한 반응이 신통치 않자, 자신감을 잃고 절필을 결심했다. 알리는 2022년 초 〈타임〉과의 인터뷰에서 다른 소재는 '진정성이 부족한' 것처럼 여겨지기 때문인 것 같다고 했다. "혹시 《브릭 레인》에서 벗어나고 싶은 거냐고 묻는 사람들이 있더라고요. 《브릭 레인》이 과연 뭐였을까요? 저의 민족성이었을까요? 아뇨, 제가 어떻게 거기서 벗어날 수 있겠어요? 왜 그러고 싶겠어요?" 알리가 말했다. "내가 어리석고 순진했던 부분은, 내가 쓰고 싶은 것은 뭐든 쓸 수 있고, 내게 그럴 권리가 있다고 생각했던 거였어요. 백인 남성 작가들처럼 말이에요."[38]

보편적 '나'가 난무하는 대중음악만큼 아티스트와 인식자perceiver의 관계가 긴밀한 분야도 없을 것이다. 셀럽 문화와 밀접하게 연결된 팝 스타 역시 인간으로서, 그리고

예술가로서의 '진정성'이 철저하게 검증된다. 다른 형태의
예술과 비교했을 때 소설이라는 장르가 작품 자체에
관해 스스로 설명할 여지가 큰 것은 사실이다. 그러나 팝
음악계에서도 청취자가 다른 사람의 감정에 이입하여
자아를 잃는—그리고 결국엔 되찾는—것을 가능하게 하는
페르소나의 구축 과정을 목격할 수 있다.

　　음악은 너무도 몰입적이며 신비로운 예술이라,
아티스트는 일관적이고도 총체적인 '바이브'를 조성함으로써
청취자가 어느 한 이미지에 고정되지 않도록 한다. '바이브'의
위력은 진정성의 대체재로 작용하여 강력한 개인 브랜드
구축을 가능하게 한다. 2019년 다섯 번째 정규 앨범 〈노먼
퍼킹 록웰! Norman Fucking Rockwell! 〉[39]을 발매할 당시, 라나 델
레이는 달콤하면서도 냉소적인 목소리로 유명했던 것도,
화려하면서도 우울한 음악으로 유명했던 것도 아니었다.
델 레이는 탁월한 미적 감각으로 유명했다. 그는 마치
로라이즈 low-rise 청바지를 입은 스콧 피츠제럴드 스타일의 연인
같았다*. 두 번째 앨범이자 처음으로 큰 성공을 거두었던

* 　　라나 델 레이의 곡 〈영 앤 뷰티풀 Young and Beautiful〉은 영화 〈위대한 개츠비 The Great
Gatsby〉의 주제곡이었다

〈본 투 다이 Born to Die〉[40] 이후, 델 레이는 아주 구체적인 이미지 레퍼런스들을 사용하여 향수나 그리움과 같은 아련한 감정들을 포착했다.

그는 상징주의의 상징이 된 것 같다. 다양한 트위터 이용자들의 말에 따르면, 라나 델 레이가 '발명'해 낸 것들은 박물관에 전시해도 손색이 없을 정도다. 〈노먼 퍼킹 록웰!〉 발매 이후, 어느 팬이 트위터에 델 레이가 발명한 것들의 목록을 게재해서 인기를 끌었다. 그 목록에는 코카인, '너의 아빠', 미국 국가國歌, '부유한 남자를 갈취하는 게이', 노인, 체리 맛이 나는 것들 전부, 담배, 섹스, 그리고 아이폰 6s+ 등이 포함되어 있었다.[41]

여러 겹의 레퍼런스들과 감각적 환기喚起, 자신의 이미지를 강화하는 델 레이의 방식은 진정성 시대의 메타 픽션이 팝 음악계에도 적용될 수 있음을 보여 준다. 팝 음악계에서 페르소나는 무엇보다도 중요하다. 그러나 팬들에게는 아티스트 역시 음악 자체만큼이나 존재감이 있기 때문에 진정성 즉, 자아의 강력한 표출은 이 분야에서도 똑같이 중요하다. 〈노먼 퍼킹 록웰!〉에 관한 어느 논평에서, 음악 평론가 앤 파워스는 델 레이가 커리어 초기에 '자아를 발명하는 과정에서 도움을 받았다는 암시가 그의 위상에 그림자를 드리웠다'[42]고 썼다. 델 레이가 자신의 파스티셰*를 진정성 있는 자아에 담아내게 되면서 비로소 그와 그의 음악은 오직 특별한 팝 음악만이 만들 수 있는 집단적 희열을 일으키기 시작했다.

트릴링은 모더니스트들에게 '시인은 한 사람의 인간이 아니다. 하나의 **페르소나**일 뿐이다'[43]라고 말한다. 작품 속에 예술가의 진정성 있는 자아가 담겨 있지 않다고 해서 독자나 청취자가 진정성 있는 경험을 할 수 없는 것은 아니다. 오히려 몰입도를 높일 수도 있다. 파워스는 〈노먼 퍼킹 록웰!〉의 논평에서, '단지 나쁜 일을 겪은 나쁜 여자라는 델 레이의 페르소나가 이 앨범의 전부는 아니다. 델 레이와 그의 공동 작업자들이 앨범을 설계한 방식이 아니었다면, 델 레이의 고백은 한낱 리얼리티 쇼의 소재에 불과했을 것'[44]이라면서, '델 레이의 파스티셰는 너무 완벽하게 설계되어서 그 자체로 하나의 생명을 지닌다'[45]라고 평했다. 사실 파워스는 델 레이의 뛰어난 기술을 칭찬한 것이었지만, 진정성이 없다고 비난하는 듯한 그의 글이 델 레이의 방어 심리를 자극했다. 델 레이는

* pastiche. 여러 작품으로부터 내용 혹은 여러 작품으로부터 내용 혹은 표현 양식을 빌려와 복제하거나 수정 혼합하여 만든 작품

'당신의 글에 대해 한 말씀 드리죠. 나는 당신이 내 음악에 관해 쓴 글에 단 한 마디에도 공감할 수 없어요'라고 트위터에 썼다. '나는 전혀 어설프지 않아요*. 나에 관한 글을 쓰는 일은 실제로 나와 함께 있는 것과는 전혀 달라요. 나는 페르소나를 가져본 적이 없어요. 그럴 필요를 못 느꼈죠. 앞으로도 그럴 거예요.'[46]

'페르소나'라는 개념에 대한 이런 식의 노골적인 거부감은 아마도 2010년대 초반, 우리가 음악계에 진정성이 없다는 사실을 깨달았기 때문일 것이다. 2000년대에 접어들며 인디 음악과 에드 시런의 엄청난 성공에 힘입어, 2010년대 초반 라디오원Radio1 의 크리스 프라이스가 '어쿠스틱 기타를 치는 음유시인들'[47]이라 칭한 감미롭고 잔잔한 인디 음악이 부상했다. 이는 진정성을 추구하는 음악계의 동향이 반영된 결과였다. 시런은 최소한의 악기로 편곡한 노래는 물론이고, 청바지와 티셔츠, VO5**, 주차장 키스와 같은 소탈하고 친근감 있는 모습으로 평범한 남자의 팝이라는 독특한

---

* 평론가가 조니 미첼의 가사와 비교했을 때 델 레이의 가사가 어설프다고 말한 것에 대한 반박이다
** 에드 시런의 노래에 등장하는 왁스 브랜드

장르를 개척했다. 제작사들은 시런이 금맥을 발견했다고
확신했다. 그는 가식이나 연기 없이 대중과 소통할 수 있었다.
제작자들에게 시런은 완벽했다. 현란한 기술도, 댄서들도
필요 없었다. 그저 루프 페달과 함께 그를 무대에 세우고
노래 부르게 하면 되었으니까. 관객들에게도 그는 완벽했다.
오토튠과 경연 대회 출신의 밴드들로 10여 년을 보낸 뒤에
그가 등장했고, 마침 사람들은 진정성에 대한 불안을 느끼며
신뢰할 수 있는 누군가를 갈구하던 터였다.

하지만 시런과 그의 아류들(래그엔본맨, 톰 그레넌, 루이스
카팔디 등)이 술집에서 흔히 만날 수 있는 남자처럼 생겼다고
해서, 그들의 캐릭터가 인위적으로 만들어지지 않았다고
말할 수는 없다. 단지 그들과 그들의 노래가, 델 레이가
빚어낸 진주처럼 영롱한 그리움이나 원디렉션 같은 밴드의
지나치게 달콤한 현실 도피보다 더 공감이 갔을 뿐이었다.
자신을 드러내는 자전적 소설과 마찬가지로, 팝 음악의 모든
장르에서도 청취자가 음악을 통해 타인의 세계에 빠져드는
것이 가능하다. 다만 그 세계가 에드 시런의 세계일 때는
극장 데이트처럼 느껴진다면, 라나 델 레이의 세계일 때는
1950년대 에로틱 스릴러처럼 느껴지는 것뿐. 어떤 음악이
친근하게 느껴지지 않는다면, 그 음악의 매력은 일탈에 있다.

따라서 음악은 우리가 느끼는 감정이 우리 자신의 진짜 감정으로 느껴질 만큼 강렬해야 한다.

리얼리티 쇼의 스타들처럼, 음악계의 아티스트들도 갈수록 페르소나를 창조하는 과정을 공연에 포함하려는 경향을 보인다. 디즈니 채널의 스타 올리비아 로드리고는 짧은 경력에도 여러 차례 표절로 고소당했지만, 그가 구축한 캐릭터가 너무 탄탄했기 때문에 작품의 진정성에 관한 의혹으로 크게 타격을 입진 않았다. 로드리고는 아역 스타 출신으로 오랜 기간 활동했음에도 대체로 진정성 있는 모습을 보여 주었다. 예를 들면, 데뷔 싱글이자 히트작 〈드라이버스 라이센스 drivers license〉[48]의 뮤직비디오에서 로드리고는 수수하고 편안한 옷차림으로 실연을 노래했다. 노래 제목은 온라인 유행에 따라 아포스트로피를 생략하고 소문자로 썼다. '이 노래 운전면허증 drivers license 이라고 부를까 봐ㅋㅋ'[49]라는 자막과 함께 2020년 로드리고의 인스타그램에 올라왔던 티저 영상에서 그대로 가져온 것처럼.

좋게 본다면, 로드리고는 자신이 받은 시각적, 음악적 영감에 솔직하다. 2021년 5월 〈드라이버스 라이센스〉의 후속 앨범인 〈사워 Sour〉[50]에 수록된 곡들은 때로는 테일러 스위프트나 로이드의 곡과 분간이 안 갈 정도였다.

⟨굿포유good4u⟩[51]의 뮤직비디오는 대중문화의 온갖 시각적
요소들을 섞어 놓았는데, ⟨프린세스 다이어리The Princess Diaries⟩와
⟨죽여줘 제니퍼Jennifer's Body⟩, 마이클 잭슨, 브리트니, 그리고
다시 스위프트의 뮤직비디오를 패러디한, 2000년대의 향수를
담은 칵테일이라고 볼 수 있다. 음악은 세기말의 팝 펑크에서
많은 영감을 받았으며, Z세대 스타인 빌리 아일리시(그리고
라나 델 레이)의 인기를 등에 업었다. 로드리고는 창작
과정을 공개하는 것에 전혀 개의치 않는다. ⟨샤워⟩의 처음
몇 초 동안 무심코 내뱉는 것 같은 대사가 있는데, 그 순간
청취자는 로드리고의 작업 과정에 들어서게 된다. '난 이게,
약간, 어수선한 느낌이면 좋겠어.'[52] 로드리고는 왜 약간
어수선한 느낌으로 그냥 만들지 않았을까? 왜 굳이 우리에게
그 이야기를 했을까? 왜냐하면, 그는 창작자의 예술적인
목소리뿐 아니라 창작자의 자아를 노골적으로 드러냄으로써
우리의 신뢰를 얻을 수 있다고 생각했기 때문이다. 만약
대중음악이 소설이라면, 로드리고가 쓰고 있는 것은 단지
자전적 소설이 아니다. 로드리고는 메타 픽션을 쓰고 있다.

*

《신뢰 연습》의 마지막 장을 넘기면 최의 헌사가 나온다.
최는 '소설을 쓰는 것은 꿈을 꾸는 것과 같다'면서, '인식할 수
있는 것과 상상할 수 없는 것들이 … 전혀 예측하기 어려운
방식으로 결합하지만, 그럼에도 그 소설이 우리 인간의 삶에
어떤 식으로든 유의미하기를 바란다'라고 썼다.[53] 최 자신도
10대 시절 예술 학교에 다녔다. 소설 속 상황들과 그 안에서
펼쳐지는 사라와 카렌의 이야기가 어디까지가 '상상'인지는
모호하다.《신뢰 연습》은 당연히 독자들에게는 궁극의
신뢰 연습 그 자체다. 소설은 끊임없이 소설 자체의 진실을
훼손하고 서술자들을 신뢰할 수 없다고 지적하며, 인식할 수
있는 것과 상상할 수 없는 것 그리고 현실과 비현실의 경계를
넘나들고 있음을 증명한다.

소설의 이러한 한계는 예술 작품을 현실과 상상의
스펙트럼 어딘가에 고정하고 싶어 하는 우리 자신의 불안을
드러낸다. 창작자가 작품 속에서 표현되는 자아에 어느
정도 통제권을 지니고 있는지를 먼저 이해한다면, 독자
혹은 청취자로서의 통제권을 놓아 버리고 관점의 유동성에
굴복하기 쉬울 것이다. 여기에는 권력의 역학이 작용한다.
작가가 그들 자신의 일부를 내어 주지 않으면, 우리도 우리

자신의 진정성 있는 감정에 대한 작가의 통제를 거부하게
된다.

3

제품

힙스터*에 대해 생각해 보자. 진정한 의미의 힙스터는 2000년에서 2012년 사이를 떠돌고, 나이는 25세에서 35세 사이이며, 런던이나 베를린 또는 미국의 주요 도시에 거주한다. 백인이지만 체격, 키, 머리색은 얼마든지 다를 수 있다. 그가 지닌 눈에 뜨이는 특징들은 모두 의도적으로 만들어졌다. 특별히 제조된 전용 오일로 턱수염을 매만졌고, 시력에 도움이 될 수도 안 될 수도 있는 두꺼운 뿔테 안경을 착용한다. 그가 입은 데님은 생지 데님이고, 맨 발목을 드러내고 있으며, 토트백은 마麻로 만든 제품이었다. 수제 커피와 수제 맥주를 마시고, 재즈 퓨전, 포크, 1970년대에

* 대중적이지 않은 독특한 취향을 가진 사람들을 뜻하는 말

유행했던, 혹은 어딘지 모르게 70년대풍처럼 들리는 음악을
레코드판으로만 듣는다. 몇 년 전에, 팔뚝에 어떤 상징을
문신으로 새겼는데 때로 그 문신은 자기 비하의 소재가 된다.
그 문신은 항상 눈에 뜨인다. 문신을 하나 더 할까도 생각
중인데, 이번에는 단순한 도형 같은 것을 해볼 생각이다. 그는
순수 예술에서부터 미디어 관련 일이나 종합 비타민 광고
문구 작성에 이르기까지 거의 모든 직종을 망라하는 표현인
'크리에이티브 분야'에서 일한다.

사실 어느 분야에서 일하든 상관은 없다. 그가 말하고
싶은 것은, 자신이 창의적인 사람이고 인문학 학위를 가진
사람이라는 사실임을 우리는 알기 때문이다. 그의 아파트
바닥은 아무것도 깔지 않은 맨 마룻바닥이고 프랑스 영화
포스터 액자와 일본식 다기 세트가 있으며, 어딘가 창고 같은
분위기를 풍긴다.

힙스터의 등장은 시기적으로 결코 우연이 아니다.
1990년대 후반 기술 혁신과 함께 실리콘밸리가 폭발적으로
성장하면서 뉴 밀레니엄이 디스토피아일 수 있다는 전망이
난무하자, 진정성을 둘러싼 집단적 불안이 증폭되었다.
영국의 경영 관련 저자 데이비드 보일은 자신의 저서
《진정성Authenticity》[1]에서, 비디오카메라를 통해 일몰을 보거나

반항을 브랜드의 판매 포인트로 삼는 세상에서 진정성이
얼마나 중요한지에 대해 열정적으로 썼다. 그는 그러한
기업들의 보여 주기식 진정성은 '가짜-진짜'라고 말한다.[2]
1999년 시애틀에서 열린 세계무역기구 회의의 반세계화 시위
이후, 갭이 전 세계 매장의 전면을 그래피티로 장식한 것도
마찬가지라고 했다. '진짜 경험에는 깊이가 있다. 브랜드를
표면적으로 연결하는 것이 다가 아니다'라고 보일은 말한다.

힙스터리즘hipsterism 은 수십 년 동안 유행에 민감한 의식
있는 사람들을 칭하는 말이었다. 그러나 그 말은 2000년대에
접어들면서 중산층이고, 안경을 쓰고, 고정 기어 자전거를
타는 쇼디치* 거주자를 칭하는 말이 되었다. 물질주의와
반체제 성향의 겉멋이 혼란스럽게 뒤섞인 개념이라 유행에
역행하는 것처럼 보여야 하지만, 그렇게 보이기 위한 주요
수단은 결국 더 많은 물건을 사는 것이다. 개인의 진정성은
진정성 있는 제품들이 받쳐 주어야 하기 때문이다.

2000년대 힙스터리즘은 투박함과 장인의
손길을 중시하는, 주류 문화의 대안이었다. 인위적
보헤미안주의였지만 힙스터들은 자신들이 진정성 있는

---

* 예술과 문화, 패션과 쇼핑, 기술과 창업의 도시로 알려진 영국 런던 동부의 도시

반문화에 동참하고 있다고 생각했다. 그들은 대중문화와
신기술의 진부함 그리고 인위성에 맞서는 아날로그적
해독제를 찾았다고 믿었다. 대량 생산된 팝의 맹공격은 다시
레코드판으로 돌아가면서 완화되었고, MP3 플레이어로
음악을 듣는 것은 카세트테이프를 목걸이로 착용하며
중화되었다. 향수의 형태로 표현되는 이러한 작은 반란에는
현실 도피의 측면도 있었다. 그러나 레코드판과 필름 카메라
같은 전통적인 매체에 대한 집착은 그 경험의 본질 즉, 음악을
듣거나 사진을 찍는 가장 진정성 있는 방식에 근접하기 위한
것이기도 했다. 힙스터들이 선호한 카페인 섭취 방식인 '제3의
물결 커피'는 특별히 로스팅한 공정 무역 원두를 최첨단
장비로 최대한의 풍미가 나도록 추출하는 방식이었다. 이것은
공장에서 대량 생산한 커피로 만든 천박한 프라푸치노에 대한
반항이자 커피 소비의 정수를 경험하는 방식으로 여겨졌다.
힙스터들이 우리 사회의 현 상황에 대해 대체로 몹시
비관적이었던 것은 결코 우연이 아니었다. 전부 다 미워하는
것은 근사했고 그러면서도 합리적이었다. 신노동당•? 〈엑스
팩터〉? 싫어요 버튼이 없는 페이스북? 폴라로이드 카메라와

•   1994년부터 2010년까지 영국노동당의 개혁파가 주도한 정치운동

빈티지 카디건이 구원의 희망이었다.

하지만 요즈음 우리는 오전 9시가 되기도 전에 '꺅' 혹은 너무 바빠서 철자 확인할 시간이 없다는 것을 모두가 알도록 적당히 틀려 가며 길게 늘여 쓴 'ㅎㅎ'로 온라인상에서 미친 듯이 웃는다. 10대들은 밈을 만들어 용돈을 벌고, '레어템' 브랜디 멜빌[*] 상의를 입고 사진을 찍어 디팝[**]에서 팔고, 콩으로 만든 커스터드와 신선한 초밥 그리고 초콜릿 밀크셰이크에 대한 욕구를 앱과 전동 스쿠터를 모는 아르바이트생을 통해 15분 내로 해결하는 시대에 살고 있다. 대중문화의 점령에 대한 깊은 우려는 이제 거의 복고적인 느낌마저 든다. 자신이 다른 사람들보다 멋지다고 생각하는 '힙스터'들은 여전히 존재하지만, 그들의 정체성은 더 이상 '진정성'이라는 특정 개념에 크게 의존하지 않는다.

아이러니하게도 힙스터들이 추구하는 미학의 유행이 보여 주기식 진정성은 '가짜-진짜'임을 더욱 분명히 해준 것도 부분적인 이유였다. '막스 앤 스펜서'[***]는 여전히 치즈

---

[*]   미국 10대들에게 인기 있는 원사이즈 브랜드
[**] 중고 의류와 액세서리를 사고파는 플랫폼
[***] 한국에는 주로 의류 브랜드로 알려져 있지만 식품 매장도 운영한다

케이크를 포르노처럼 음란하게 클로즈업해 TV에 내보낸다.
그렇게 그들은 자신들이 만드는 음식이 단지 사진으로 보는
것이 아니라 만지고 음미할 수 있는 대상임을 분명히 한다.
음식을 섭취하는 경험 자체를 생략하면서 필수 영양소들을
섭취할 수 있도록 설계된, 휴엘을 포함한 영양 스무디 브랜드.
'지역 제철 농산물'을 사용하는 데다 얼마나 순수하고
타락하지 않은 방식으로 메뉴를 적어 놓았는지 주문하려면
아주 큰 결심을 해야 하는('치즈 커드, 회향' 그리고 '소 볼살,
스웨덴 순무' 중 하나를 선택해야 한다), 조그만 접시에 유기농
요리를 내놓는 레스토랑. 식사를 할 때 거의 패러디 수준으로
오돌토돌한 식감의 진정성에 집착하는 것. 친구들과 수다를
떨 수 있는 반힙스터들의 천국이라고 광고하는 맥도날드.
다시 말해, 상징적 진정성을 무기 삼는 것은 너무도 수없이
반복되는 관행이어서 이제 우리는 더 이상 그것을 의식하지도,
신경 쓰지도 않는다.

그러나 진정성이 세파에 찌든 냉소주의에서 벗어나기
위해 진화했다는 사실은 부정할 수 없다. 진정성이 매력적으로
느껴지는 이유는 그것이 달성하기 어렵기 때문이기도 하다.
우리의 욕망은 완벽하게 해소될 수 없어서 오히려 지속된다.
결국 브랜드들은 진정성 있는 제품 이상의 무언가를 팔아야

한다는 사실을 깨달았다. 그들은 진정성 있는 자아를 팔아야
했다.

브랜드의 상징적 진정성은 언제나 중요했다. 19세기
후반 산업 혁명으로 특정 제품을 생산하는 개별 공장들이
생겨나기 시작했다. 유통업체는 소비자가 구매하는 제품이
개개인을 위해 제대로 만든 제품이라는 확신을 주기 위해
소박하고 친근한 느낌의 로고를 제품에 부착했다. 산업이
확장되고 모조품이 양산되면서 진품임을 명시하는 마케팅은
소비자에게 당신이 사고자 하는 제품은 제대로 만들어졌으며,
이 브랜드는 결코 당신에게 사기를 치는 것이 아님을 알리는
하나의 방식이 되었다. 제품의 겉과 속이 일치함을 증명하는
것. 이것이야말로 진정성의 가장 기본적인 정의였다. 1994년
바닥 광택제 광고에서 제품이 '용기에 적혀 있는 그대로'임을
약속했던 론실* 광고[3]가 대표적인 사례이다.

브랜드의 진정성에 대한 관심은 기술 혁명과 세계화로

•   Ronseal. 목재 보호제와 페인트를 제조하는 영국 회사

인해 더욱 고조되었다. 수십 년에 걸친 자본주의의 발전으로 서구 사회에서 불안감이 고개를 들었다. 새로운 세기가 시작되던 1990년대 후반, 불안감은 절정에 달했다. 디지털화와 가상 현실, 그리고 뉴 밀레니엄이라는 다가오는 미래에 대한 불안이 영화화되었다. 〈매트릭스The Matrix〉[4]와 〈트루먼 쇼The Truman Show〉[5] 모두 암울한 디스토피아를 숨기고 그 속에 사는 인간을 통제하기 위해 만든 가짜 세계를 그렸다.

진정성이 자본주의의 해독제처럼 보이려면, 기업이 잼의 용기에 집에서 만든 듯한 상표를 붙이는 것만으로는 충분하지 않다. 눈썰미 있는 소비자라면 그러한 전략이 '가짜- 진짜'임을 바로 알아차리기 때문이다. 나오미 클라인이 《슈퍼 브랜드의 불편한 진실No Logo》에 쓴 것처럼, '성공적인 기업은 제품이 아닌 브랜드를 주로 생산해야'[6] 한다. 브랜드의 '진정성'은 단순히 그들이 내세운 설명과 제품이 일치하는지, 친환경적이고 윤리적인 경험을 제공하는지의 문제가 아니었다. 그것은 해당 브랜드가 일관성 있고 진정성 있는 정체성을 창출하고 있는지의 문제였다. 클라인은 '만약 브랜드가 제품이 아니라면, 그것은 무엇이든 될 수 있다'[7]라고 썼다. 브랜드에도 인간과 동일한 '진정성'의 기준을 적용할 수 있다. 그리고 인간에게 진정성은 자아실현을 의미했다.

브랜드가 사람을 닮아가는 것처럼 사람 또한 브랜드를 닮아가기 시작했다. 2000년대 소셜 미디어의 부흥과 시장의 붕괴로 인해 우리 자신을 상품화할 수 있다는, 아니 상품화해야만 한다는 인식이 퍼지기 시작했다. 그러나 그 과정에서 우리에게는 더 많은 제품이 필요했다. 하나의 제품은 우리의 즉각적인 필요에 부합하는 것에 머물지 않고, 한 인간으로서의 우리 자신을 반영하거나 개선하는 듯이 보이는 정체성의 표식이어야 했다. 어떤 제품을 구매한다는 것은 단순히 그 제품을 소유하는 차원에서 끝나는 것이 아니라 그 제품을 선택하는 사람이 되는 것이었다. 힙스터들이 갖고 싶어 하는 장신구들은 빈티지이거나 수제품이라는 점에서 '진정성 있는' 제품이기도 하지만, 그 제품을 소유한 사람마저 진정성 있는 사람처럼 보이게 했다. 왜냐하면 그들은 대량 생산되는 주류 제품들과 진정성 있는 제품을 구분할 줄 아는 안목을 지닌 사람들이기 때문이었다. 올바른 제품으로 자신을 휘감으면서 힙스터들은 그들만의 고유한 길을 개척하고 내면의 자아가 이끄는 진정한 정체성을 구축한 듯 보였다. 혹은 관객에게 상품화할 개인 브랜드를 구축한 것일 수도 있었다.

힙스터리즘이 처음에는 거의 백인 중산층 사이에서

독점적으로 나타난 현상이라는 사실은 그 명성에 거의 영향을 미치지 못했다. 진정성 있는 사람임을 보여 주는 힙스터리즘의 독특한 방식을 따르려면, '올바른' 제품을 살 수 있을 만큼 부유하고 교육받은 사람이어야 했다. 힙스터들은 도시를 고급화했고, 자신들의 눈에 멋지지 않으면 그들이 외모를 가꿀 여유가 있는지 배려하지 않고 무시했다. 진부하게도 힙스터들은 정치적으로는 모호한 입장이었다. 그들은 불의를 인지할 정도로 교육을 받았지만, 그런 문제와는 충분히 거리를 두고 신경 쓰지 않았다. '올바른 것'의 개념이 다소 달라지고 '힙스터'가 더 이상 예전처럼 구체적인 범주로 인식되지 않는 요즈음에도 그러한 현상은 여전히 나타난다.

힙스터리즘이 그 자체로 하나의 패러디가 되고 '진정성'이 애초에 그들이 맞서 싸우고자 했던 브랜드들과 똑같은 가치로 작동하게 되자, 힙스터리즘 역시 하나의 역설이 되었다. 2010년대 후반 어반아웃피터스 매장은 레코드플레이어와 빈티지 니트웨어로 채워졌다. 교외에 거주하는 10대 소녀들이 다국적 기업을 통해 힙스터를 자처하는 모습은 그 누구보다도 힙스터 자신을 분노하게 했지만, 때는 이미 늦었다. 이러한 마케팅 모델은 무엇이 원본이고 무엇이 모조품인지 분간할 수 없을 때까지 계속

복제되었다. 1세대 영국 힙스터들은 피자 익스프레스를
진심으로 싫어하고 해크니윅* 근처에 사는 것을 진심으로
좋아했을지 모른다. 그러나 그들이 아무리 발끈해도 혹은
아무리 상세한 설명을 덧붙여도, 2012년 무렵의 힙스터는
그저 평범한 꼴통[8]처럼 보였다는 사실만큼은 부정할 수
없었다.

전 세계 80여 개국에 3만2000개의 매장을 보유하고 있는
커피숍 체인 스타벅스는 '진정성 없는' 브랜드의 교과서 같은
예시라고 말할 수 있다. 스타벅스의 펌킨 스파이스 마키아토,
토피넛 카푸치노, 체스넛 프랄린 모카, 에그녹 라테는
힙스터들이 좋아하는 싱글 오리진 콜드브루**와는 상극이다.
스타벅스는 공항이나 휴게소에서 흔히 볼 수 있고, 브랜드
로고가 찍힌 0.5리터 컵에 음료를 제공하는 것으로 유명하다.
그러나 스타벅스가 늘 그랬던 것은 아니다. 스타벅스는

---

* 　예술과 문화의 중심지로 알려진 런던 동부의 한 지역
** 　단일 지역에서 생산된 커피콩을 콜드브루 방식으로 추출한 커피

정반대의 이미지를 갖고 있었다. 한때 스타벅스는 진정성 있는 분위기를 가장 중시하고 제품의 특이성보다는 본질을 우선하는 브랜드였다.

1997년, 당시 CEO였던 하워드 슐츠는 자신의 저서 《스타벅스, 커피 한 잔에 담긴 성공신화 Pour Your Heart Into It 》에서 사람들이 스타벅스를 찾는 것은 '경험의 낭만' 때문이라고 썼다.[9] 스타벅스의 마케팅 부사장이었던 스콧 베드버리는 '소비자들은 사실 제품 간에 큰 차이가 있다고 믿지 않는다'면서, '스타벅스는 제품 자체보다는 분위기를 조성했다'고 했다.[10] 스타벅스는 그 분위기로 그곳에 머무는 시간을 팔았고, 그 문을 나선 뒤에도 여운이 남을 듯한 느낌을 팔았다. 사람들이 스타벅스에 가는 이유는 단순히 커피를 마시거나, 살짝 흐릿한 조명 아래 책을 읽는 척하며 움푹한 안락의자에 앉아 있기 위해서가 아니었다. 그곳에 있는 모습을 다른 사람들이 보는 것이 중요했고, 액세서리처럼 스타벅스 로고가 찍힌 컵을 들고 다니는 것이 중요했다. 무심한 듯 헛돈을 쓰는 가벼움은 사람들에게 당신에 관한 무언가를 말해 주었다. 당신은 커피 한 잔에 2.5파운드(약 4400원)를 쓸 정도로 여유 있는 사람이고, 앉아서 커피를 마시기에는 너무 바쁘고 중요한 사람이다. 2009년, 나의 고향인 서퍽의 작은 마을에 스타벅스 매장이 문을 열었을 때, 힙스터들이 그렇게 말렸는데도 학생들이 방과 후에 캐러멜 크림 프라푸치노를 마시며 세계적 유행에 동참했던 것은 전례가 없는 일이었다.

스타벅스가 꾸준히 성장하면서 근로자의 권리에 관한 기사가 헤드라인을 장식하고, 런던 '골목마다' 스타벅스가 있다는 평판을 얻었다. 이로 인해 스타벅스는 진정성 없는 다국적 기업이라고 비난받았다. 그러나 스타벅스는 명예가 실추되자마자 그리고 명예가 실추되었기 **때문에**, 새로운 방식으로 진정성을 보여 주기 시작했다. 그것은 바로, '기본적basic'이라는 것이었다.

'기본적인 년basic bitch'*이라는 말은 힙스터의 몰락, 그리고 대중문화도 고급문화만큼이나 분석할 가치가 있고 진지한 것으로 받아들여져야 한다고 보는 팝티미즘poptimism의 대두와 맞물려 2010년대 전반에 걸쳐 비하의 용어에서 권력의 용어로 진화했다. 누군가를 '기본적'이라고 부르는 것은 오만하고 비열하다. 그것은 교양 없고 대중적인 것에 쉽게 영합하며

---

* 대중적인 유행을 따르고 특별하거나 독창적이지 않은 취향을 가진 사람을 비꼬는 의미로 미국에서 유행했던 속어. 문맥에 따라 평범한, 전형적인, 대중적인, 상투적인 등으로 다양하게 번역될 수 있지만 여기서는 '기본적'으로 통일했다

보다 수준 높은 지知적 그리고 문화적 차원을 이해하기에는 너무 어리석거나 관심이 없는 사람이라는 뜻이다. 노린 말론은 2014년 〈더 컷〉에 기고한 글에 이렇게 썼다.

> '기본적'이라는 말은 얼핏 보기에는 생각과 행동의 독창성 부족을 비판하는 것처럼 보인다. 그러나 사실 **기본적인** 사람들이라는 말이 대체로 폄하하고자 하는 것은 소비 자체가 아닌 소비의 패턴, 즉 무엇을 마시고, 무엇을 입고, 무엇을 사는가이다. 기본적인 여자의 죄는 물건 사기를 좋아하는 데 있는 것이 아니라 잘못된 브랜드를 무턱대고 욕망한다는 데 있다.[11]

결정적으로, 기본적인 것을 옹호하는 측과 비판하는 측 모두 소비주의에 그 뿌리를 두고 있다. 그러나 '기본적인 년'이 자신의 행동을 의식하지 못하는 것에 반해, 힙스터나 속물들은 자신이 구매하는 모든 물건이 자신의 정체성을 반영하고 있다는 사실을 뼈저리게 의식한다.

그러나 잘못된 제품을 '무분별하게' 구매한다는 이유로 기본적인 성향이 비난받는것이라면, 그러한 성향을 소유하고 주도할 때는 이야기가 달라진다. '진정성'이 주류가 되고 힙스터리즘의 가식이 그 어느 때보다도 명백하게 드러난

요즘, 자신이 기본적인 사람임을 당당하게 밝히는 것은 오히려 사회적 반항이 되었다. 예를 들면 펌킨 스파이스 라테 사진을 올리고 '#기본적인년'이라고 쓰는 것처럼 말이다. 더구나 진정한 힙스터라면, 온갖 브랜드를 빠삭하게 알고 있으면서도 자신이 힙스터라고 의식하지 않을 것이다. 2014년 〈더 컷〉에 실린 또 다른 기사가 지적했듯이 진정한 힙스터는 힙스터라는 말 자체를 들어본 적도 없을 것이고 그 정의를 이해하지도 못할 테니까.[12]

기본적인 것이 이러한 의미를 갖게 된 것은 단지 힙스터 문화에 대한 해독제였기 때문은 아니었다. 대중문화를 소비하고 대량 생산된 옷을 입고 스타벅스에 가는, 소위 기본적이라는 평을 듣는 사람의 소비 습관은 여성, 성 소수자 혹은 노동자 계급의 문화와도 연관이 있었다. 화장에 관심이 있거나, 유로비전 송 컨테스트*를 진심으로 즐기거나, 스페인 마르벨라로 패키지 여행을 가는 것 역시 한때는 '기본적'으로 여겨졌을 것이다. 그러한 취향은 훗날 '헌hun' 문화**라는 보다 수용적인 문화로 흡수되었다. '기본적인' 제품을 사거나

* 유럽방송연합 회원국이 참가하는 국제 음악 경연대회
** 여성과 동성애자 남자들 사이에서 유행하는 영국의 하위문화를 칭하는 말

취미를 갖는 것이 시간과 돈을 쓰는 합리적인 방법으로
재평가된 이유는 부정적으로 인식되는 정체성 집단에 속해
있다는 이유만으로 내가 좋아하는 것을 좋아해서는 안 된다는
생각에 대한 반발이기도 했다. 비록 내가 좋아하는 것이 다소
소비지상주의적이고 도덕적이지 않다고 해도 말이다.

　힙스터리즘은 자신들이 표방하는 '진정성'이 '진정성
없음inauthenticity'으로 보이기 시작하면서 쇠퇴했다. 그 결과
'기본적인 년'들의 '진정성 없음'과 그들의 대중적 취향이
오히려 진정성 있는 것처럼 보이기 시작했다. 다시 말해서
진정성을 연기하기 시작하는 그 순간, 진정성은 그 의미를
잃는다. 자기 인식이 없어도 진정성은 무너지기 시작한다.
그저 주류의 취향에 순응하며 살고 자기만의 길을 개척하지
않는다면, 진정성 있는 자아로 살아가고 있는지 어떻게 알 수
있을까? 더 나아가서, 대중적 흐름에 의존하건 거부하건 간에
당신의 진정성이 오직 그것만을 위해 구축된다면? 그것을
진정성이라고 말할 수 있을까? 당신은 여전히 당신 자신인가?

철학자이자 심리학자인 윌리엄 제임스는 1890년에 '한

인간의 자아는 그가 입고 있는 옷과 그가 사는 집 … 그의
요트와 그의 은행 계좌 등 '그의 것'이라고 부를 수 있는
것들의 총합'이라고 썼다.[13] 그 말이 사실이라면, 우리가
누구인지에 대한 인식은 우리가 구매할 수 있는 제품에 대한
선택의 폭이 급격히 넓어지면서 도전과 혼란을 겪고 있다고
볼 수 있다. 그래서 브랜딩이 중요하다. 제품을 선별하기는
어렵지만 제품의 분위기를 느끼기는 쉽기 때문이다. 따라서
끝없이 쏟아져 나오는 다양한 제품 중 하나를 선택하는 대신,
어떤 브랜드가 우리의 내면을 가장 잘 반영하는지를 기준으로
삼아 우리 자신과 연결할 수 있는 브랜드를 선택하면 되는
것이다.

이러한 제품과의 긍정적인 연결은 셀럽과의 제휴를 통해
브랜드 내에서도 복제된다. 브랜드는 적절한 인물과 브랜드를
연결하고 그 인물이 상징하는 것이 무엇이건 그와 동의어가
된다. 역사상 가장 유명한 브랜드의 제휴 사례 중 하나였던
나이키의 마이클 조던 후원이 유독 성공적이었던 것은,
1984년 나이키가 에어 조던이라는 신제품을 출시하면서 해당
제품에 진정성 있는 반항이라는 건전한 이미지를 부여했기
때문이었다. 조던은 나이키 운동화를 신고 경기에 출전할
예정이었지만 NBA 측에서 색상을 이유로 이를 금지했다.

그러나 조던은 계속 나이키 광고에 출연했다. 아무것도 없는 공간을 배경으로, 몸이 땀으로 번들거리는 조던이 가만히 서서 농구공을 이 손에서 저 손으로 옮기다가 한 번씩 공으로 바닥을 치고, 그럴 때마다 남성의 근엄한 목소리가 울려 퍼진다. '9월 15일, 나이키는 획기적인 새 농구화를 만들었습니다. 10월 18일, NBA는 이 농구화를 경기장에서 착용하는 것을 금지했습니다. 다행히 NBA는 당신이 에어 조던을 착용하는 것을 금지할 수는 없습니다.'[14] 그 후 2년간 에어 조던은 매출 1억 달러(현재 가치로 2억 5500만 달러)를 달성했다.[15]

조던과 나이키의 제휴는 서로에게 이득이었다. 양측 모두가 돈을 번 것은 물론이고 양측의 정체성이 강화되었다. 광고를 통해 조던은 떠오르는 스타로 인지도를 높였다. 당시 매출 규모가 아디다스보다 50퍼센트나 적었던 데다, 에어 조던이 출시되기 전에는 농구 선수들 사이에서 컨버스보다도 인기가 없었던 나이키는 조던을 통해 이미지를 쇄신하고 나이키 하면 떠오르는 특별한 무언가를 갖게 되었다. 갑자기 마이클 조던 팬 모두가 나이키의 고객이 되었다. 그로부터 몇 년 뒤에는 농구 팬들뿐 아니라 거의 모두가 나이키의 고객이 되었다.

물론 셀럽과 브랜드의 제휴가 마이클 조던과 나이키의 사례처럼 매번 성공적이지는 않다. 사실 셀럽이 광고 캠페인에 출연하는 자체가 그가 진정성 없는 사람임을 보여주는 확실한 방법이 될 수도 있다. 셀럽이 '매수'되었다고 생각할 수도 있기 때문이다. 2009년 미국 록 가수 이기 팝의 스위트커버 자동차 보험 광고는 젊은 층 사이에서 그의 인기에 거의 도움이 되지 않았다. 특히 그가 광고하는 스위트커버 보험의 대상에 연예인이 포함되지 않는다는 사실이 알려지자, 오해의 소지가 있다는 이유로 광고 송출이 금지되었다. 제니퍼 로페즈는 진정성 있는 광고임을 자처했던 피아트 광고로 인해 조롱당했다. 로페즈는 그 광고에서 그가 자란 곳으로 알려진 뉴욕 브롱크스의 어느 동네를 질주했는데, 실제로는 LA에서 그린 스크린을 배경으로 촬영한 것이 밝혀졌기 때문이었다.

　　오늘날 브랜드 홍보대사는 그 자체로 유망한 직업이 되었다. 인플루언서 지망생의 목표는 기업이 당신에게 돈을 주고 제품 홍보를 의뢰할 정도로 팔로워를 확보한 다음, 제품 홍보를 통해 더 많은 팔로워를 확보하는 것이다. '인간 광고판' 마케팅 모델은 지난 몇 년간 꾸준히 발전했으며, 유명 인플루언서와의 제휴나 그들의 이름을 딴 사업의 형태로 계속 확장되고 있다. 2020년 기준으로, 특정 브랜드의 후원을 받은 인스타그램 게시물의 수는 2년 만에 두 배 가까이 증가한 610만 건에 달한다.[16] 전통적인 셀럽과 브랜드의 제휴와 마찬가지로, 인플루언서와 브랜드의 제휴도 일종의 공생 관계로 볼 수 있다. 특정 브랜드를 소개하는 대가로 돈을 받는 것이 인플루언서의 개인 브랜드에도 기여한다는 점에서 그러하다.

그러나 인플루언서 마케팅 모델에는 전통적인 셀럽과의 제휴와 다른 점이 있다. 특정 브랜드의 간판이 되는 것은 인플루언서의 주 수입원이다. 그러나 셀럽에게 광고는 다른 곳에서 경력을 쌓거나, 재기를 노리는 데 도움을 주거나, 도움을 줄 거라는 기대를 품고 하는 일이다. 초기 인플루언서의 행보에서 그들을 기용하는 전략이 브랜드에 효과적이었던 이유는 셀럽의 스타성과는 정확히 반대되는 개념 때문이었다. 인플루언서들은 평범한 사람들이었다.

소셜 미디어에서의 인플루언서 활동은 자기 상품화의 결정판이다. 그들은 자신의 개성과 라이프 스타일을 일관성 있는 진액으로 추출한 다음 그 진액을 광고한다. 인플루언서는 브랜드와 제품의 홍보대사일 뿐만 아니라 그 자신이 브랜드이고 제품이다. 인플루언서 자신에게도 브랜드나 제품과 동일한 '진정성'의 기준이 적용된다는 뜻이다. 그러나 인플루언서 활동이 하나의 산업으로 부상한 지 10여 년이 지난 지금, 이러한 상품화는 근본적으로 진정성 없는 것으로 인식되고 있다고 보아도 무방하다. 자신을 부풀리고 현금화하는 과정은 한때 인플루언서의 장점으로 여겨졌던 그들의 평범함을 무색하게 한다.

셀럽과 마찬가지로 인플루언서 활동 역시 가짜와 진짜의 삐걱거리는 조합이고, 그 조합은 현재 광고 산업에서 상당한 비중을 차지하고 있다. 소셜 미디어는 선택성을 기반으로 구축되었다. 따라서 어쩔 수 없이 정보를 제한하는 동시에 정보를 제공해야 한다. 인플루언서들은 피드를 관리함으로써 사람들이 원하는 바로 그 이미지를 보여 주지만, 그러면서도 한편으로는 그들의 평가에 자신을 맡겨야 한다. 얼마나 솔직하게 동기를 드러낼 것인지도 문제다. 가장 빨리 부자가 되게 해줄 제품을 뻔뻔하게 홍보해서 진정으로 인플루언서다운 인플루언서처럼 보일지, 아니면 당신과 똑같은 평범한 사람으로 공감성을 유지하는 인플루언서의 장점을 이용해 전략적으로 배치해 놓은 제품이 우연히 노출된 것처럼 보이게 할지.

인플루언서의 진정성 문제는 2010년대 중반 그들이 완전히 주류에 편입되는 순간 곧바로 불거졌다. 실생활에서 아무렇게나 찍은 것처럼 보였던 게시물이 사실은 뒷돈을 받고 찍은 것임이 분명해졌다. 2018년 광고표준협회는 인플루언서가 광고를 목적으로 게시물을 올리거나, 홍보를 목적으로 특정 브랜드에서 제품을 '선물'받은 경우 그 사실을 명시해야 한다는 법안을 채택했다. 그야말로 딱 걸린 것이다. 인플루언서들은 이제 그들의 그림 같은 휴가가 사실은 호텔에서 돈을 받고 찍은 것이면서도 이미 그림처럼 완벽한 그들의 삶에서 일어난 신비롭고 우연한 행운인 척할 수가 없었다.

이기 팝이나 제니퍼 로페즈의 경우와 같은 셀럽 광고가 당혹스러웠던 것은 브랜드가 셀럽을 필요로 하는 만큼 셀럽에게도 브랜드가 필요하다는 사실이 드러났기 때문이었다. 마찬가지로 이 법안은 인플루언서에게 그들의 가장 진정성 없는 특성을 인정할 것을 강요했다. 바로 그들에게 돈이 필요했다는 사실이었다.

우리가 셀럽이나 인플루언서의 라이프 스타일을

동경하는 이유는 부분적으로는 그들의 삶이 수월해 보이기 때문이다. 그들은 집세 따위의 소소한 걱정거리 없이 호화롭게 사는 것처럼 보인다. 데이비드 보일은 《진정성》에서 '일하지 않을 때만 진정성 있게 살고 있다는 믿음이 팽배하다'[17]고 지적했다. 관광업계가 조장하고 이용하는 개념이다. 휴가를 직장 생활이라는 엄연한 삶의 '진실reality'에서 벗어나는 하나의 방법으로 여기기보다는 우리가 쉬거나 여행할 때, 혹은 술에 취했을 때나 약에 취했을 때, 카누를 탈 때, 혹은 눈보라 속에서 등산할 때 그것을 삶의 '진실'이라고 여긴다는 것이다.[18] 인플루언서도 유독 사람들이 부러워할 만한 진실한 삶을 연기하려 노력한다. 마치 그들의 삶은 온통 놀이뿐인 것처럼. 그렇게 하지 않으면 아무도 그들처럼 되고 싶지 않을 테니까.

인플루언서 업계에서 브랜드와의 제휴는 인플루언서의 정당성을 훼손하기보다는 오히려 강화할 수 있다. 야심 찬 인플루언서들은 잠재적 브랜드 파트너에게 신뢰할 수 있고 입지가 탄탄한 인플루언서처럼 보이기 위해 제품을 협찬받은 척하며 가짜 콘텐츠를 올리기도 한다고 알려져 있다. 그러나 이것은 어디까지나 사람들이 동경하는 성공한 사람으로서의 개인 브랜드를 만들어 가는 과정일 뿐이다. 제품을 판매하는 그들의 행위에는 본질적으로 그 어떤 진정성도 담겨 있지 않다. 인플루언서가 자신의 삶을 투명하게 공개하고 자신의 재능을 자랑스러워한다고 해도, 그들이 아무리 근사해 보이고 그들이 제품을 홍보하는 것이 합법이어도, 무심하게 찍은 것 같은 아름다운 사진들과 흠잡을 데 없이 매끄러운 자막 아래 붙어 있는 '#광고'라는 글자는 전체적인 이미지를 훼손할 수밖에 없다. 유기농 식품 업체들과 수공예 가구 업체들은 공황 상태에 빠졌다. 그들은 2000년대 유전자 변형과 대량 생산의 위협에 대한 해독제가 되기엔 역부족이었다. 요즘 진정성 있는 자아의 개념은 즐거움(좋은 것)으로 정의된다. 그것은 일(나쁜 것)로 정의되는 진정성 없는 자아의 반대 개념이다. 물론 그런 삶을 누릴 수 있다면 그것은 상당한 특권일 것이다. 그것은 일과 월급 없이 자아를 실현하는 삶을 상상이라도 해볼 수 있는 이들을 위한 환상이다. 그런 특권을 누릴 수 없는 이들의 경우, 일이 그들의 투지를 고취하기 때문에 일에 얽매이는 것은 허용된다는 인식이 있다. 그 또한 일할 필요가 없는 사람들의 라이프 스타일만큼이나 선망의 대상이 되는, 진정성 있는 투쟁이기 때문이다.

*

인플루언서 산업은 건재하다. 2022년 인플루언서 산업의 매출은 164억 달러(약 22조 원)로, 2020년의 거의 두 배에 달할 것으로 예측된다.[19] 2020년 미국의 설문 조사에 따르면 인플루언서의 제품 추천을 신뢰하는 소비자는 61퍼센트로, 브랜드 자체의 직접적인 마케팅을 신뢰하는 소비자보다 38퍼센트 높았다. 또한 소비자의 82퍼센트는 소셜 미디어에서 추천한 제품을 보고 구매하거나 조사해 본 경험이 있다고 답했다.[20] 돈을 더 쉽게 쓰도록 설계된 산업임을 알고 있으면서도 우리는 별로 개의치 않는 것 같다.

이러한 현상은 우리가 자본주의에 무감각해지고 지쳐 있기 때문에 나타난다. 그러나 인플루언서들이 그들의 목적에 부합되는 제품 그 이상을, 그리고 괜찮은 브랜드로서의 그들 자신 그 이상을 팔고 있기 때문이기도 하다. 그들은 자아감sense of self을 판다. 온라인에서 보여줄 수 있을 정도로 아름다운 그들의 삶을 바라보면서 우리는 우리 자신이 될 수 있는 하나의 예시를 본다. 한때 모든 브랜드는 내적 자아를 가진 인간으로 변신했었다. 인플루언서들은 브랜드의 뒤를 이어 브랜드와 자아의 통합을 그들 자신에게 적용했다. 내적 자아를 가진 인간이 내적 자아를 가진 브랜드가 된다음, 다시 그것을 하나의 인간으로 마케팅한다. 이렇듯 진정성 제조기가 되는 과정을 거치다 보니, 인플루언서들이 온라인에서 보여 주는 삶은 그들의 실제 삶에서 두 단계 정도 떨어져 있다. 팔로워들은 그 결과물을 관찰하고 모방하려 애쓴다. 팔로워들의 주관적인 경험은 당연히 그들 자신의 실제 삶에 기반한 것일 텐데도. 인플루언서의 흠잡을 데 없이 완벽한 개인 브랜드는 팔로워들로 하여금, '나도 당신처럼 되고 싶어'라고 생각하게 만드는 것에 그치지 않는다. 그것은 '어떻게 하면 당신이 당신 자신인 것처럼 나도 나 자신일 수 있을까?'라고 묻게 만든다.

　제품들은 종종, 이미 당신 자신인 당신을 더 당신 자신답게 만들어 주는 도구가 된다. 역사적으로 브랜드는 제품이 자아를 초월하거나 최소한 개선하는 데 도움을 준다는 개념을 강조해 왔다. 그러나 현대 소비주의 속에서 브랜드가 감히 소비자에게 개선할 점이 있다고 가정할 정도로 무모한 도발을 하는 경우는 거의 없다. 특히 미용 업계에서는 그러한 방식으로 진정성을 소환하는 것이 통하지 않는다. 더 아름다워지려면 달라져야 한다고 말하는 것은 금기시된다. 소비자가 이미 아름답다는 전제하에서만 미용 제품을 판매할 수 있다. 이러한 접근은 당연히 미용 제품 본연의 목적을 상당 부분 훼손하지만 새로운 화법이 그 사실을 감춘다. 요즘의 제품들은 감추거나 창조하는 대신, 강조하거나 드러낸다. 2021년까지 전체 미용 산업의 27퍼센트를 차지하고 있는 기능성 화장품의 부상은 소비자의 관심이 미묘하게 변화하고 있음을 보여준다. 밀레니얼 세대가 열광하는 브랜드 디오디너리The Ordinary를 보유한 캐나다의 화장품 회사 데시엠Deciem은 특화된 기능을 내세워 엄청난 성공을 거두었다. 이후 업계 전반에 걸쳐 유사품이 쏟아져 나왔다. 소비자들은 막연한 광고 캠페인이나 용기에 적힌 거창한 문구에 현혹되기보다는, '활력'을 제공하는 비타민 C, '수분'을 제공하는 히알루론산과 같은 구체적인 성분을 찾는다. 물론 이것은 브랜드의 진정성이다. 디오디너리는 의약품 같은 단색 용기를 통해 최대한 직설적이고 과학적인 느낌을 주면서, 소비자의 자기 진정성을 훼손하지 않고도 자기 개선의 방안을 제공한다.[21]

과거에 우리가 어딘가 부족하다고 느끼게 했던 브랜드들이 이제는 우리를 혼란스럽게 한다. 무한 긍정의 시대에, 제품 사진 옆에서 약간의 광기마저 느껴질 정도로 '당신은 지금 이대로도 멋져요!'라고 외쳐 대는 기업들 속에서 무슨 생각을 하고 또 무슨 행동을 해야 할지 가늠하기란 쉽지 않다. 지금 이대로도 멋지다면 왜 하필 굳이 이 제품을 사야 하는가? 이미 가진 것만으로는 스스로 느낄 정도로 멋지지 않은 것일까? 나 자신에게 더 만족하기 위해 내가 가지고 태어난 것을 바꾸어도 될까? 나는 이 보습제를 사고 싶고, 나는 지금 슬프기 때문에 이런 특별한 선물을 받을 자격이 있다고 생각하지만 슬프다고 해서 보습제가 제공한다고 약속하는 전형적인 미의 기준에 굴복해서는 안 될 텐데. 그래도 30ml에 32파운드(약 3만 원)인 보습제를 써서 내 뺨의 PH 밸런스를 살짝 맞추어 주어야 할까? 그게 나를 더 나답게 하니까?

*

　상징적 진정성은 브랜드 기본 가치로 여전히 대세의 위상을 지키고 있다. 맥도날드의 최근 광고는 맥도날드를 따뜻하고 친근한 장소로 묘사하면서, 커피에 대해 유난을 떨지 않는 반힙스터적 분위기를 강조했다. 하이네켄 사의 이탈리안 라거 브랜드 모레티 맥주의 살짝 거만한 TV 광고는 어느 이탈리아 시골 마을에서 사람들이 맥주를 마시는 소박하고 활기 넘치는 광경을 보여 준다. 사람들은 이탈리아어로

대화하고, 모레티 맥주의 슬로건 '비라 오텐티마*'가 자막으로
나온다. 진정성 있는 것처럼 보이는 제품은 여전히 인기를
끈다. 자본주의의 세계화로 인해 우리 손에 들어오는 제품과
생산지가 분리되고 있기 때문이다. 대중은 이제 기후 위기와
남아시아 의류 공장 노동자들의 비인도적인 근무 환경에
대해 관심을 가진다. 따라서, 의류 브랜드의 진정성은
제품이 어디서 어떻게 만들어졌는지에 관한 '투명성'을
통해 전달된다. 1990년대에 브랜드 윤리가 그랬던 것처럼,
이제 진정성은 요식 행위로 전락했다. 브랜드 웹사이트에
'기후 정책' 또는 '제품의 생산 과정'이 있다는 것만으로도
소비자들은 해당 기업이 그런 문제에 신경을 쓴다고 믿고
안심한다. 그러나 제품의 생산 및 공급 과정에서 불미스러운
관행은 여전히 존재한다.

　　독특하고 윤리적이며 '진짜'임을 인식시키려 노력하는
것을 넘어서, 이제 브랜드는 온라인에서 하나의 인격을
구축하려 한다. 인간이 화려해질수록, 브랜드의 겉모습은
갈수록 투박해진다. 브랜드들은 밈을 게시하고 마치 사람처럼
경쟁 업체와 정감 어린 농담을 주고받기도 한다. 소셜 미디어

•　　Birra autentica, 이탈리아어로 진짜 맥주, 정통 맥주를 뜻한다

담당자는 책상에 앉아 자신에게 월급을 주는 무형의 존재가 가진 진정성 있는 목소리를 전달하려 노력하고, 이는 해당 브랜드에 온라인 정체성을 부여한다. 마치 브랜드 자체가 내적 세계를 지닌 것처럼 보이도록.

2022년 구글 픽셀폰의 TV 광고는 이런 슬로건으로 끝난다. '당신을 당신답게 만드는 바로 그것이, 이 폰을 이 폰답게 만듭니다.' 결국 모든 길은 이것, 자아감으로 귀결된다. 우리는 진정성의 두 번째 측면에 끌린다. 단지 우리가 원하는 것이 아닌, 우리를 더욱 우리답게 만들어 주는 것에. 그것은 우리에게 실제로 필요한 것이라기보다는 우리의 내적 존재가 갈구하는 것이다. 과거에는 진정성 있는 제품과 진정성 없는 제품 사이에 분명한 경계가 있었다. 장인 정신이 깃든 제품과 대량 생산된 제품이 있었고, 힙스터의 취향과 기본적인 취향이 있었다. 그러나 지금은 오직 자아뿐이다. 우리의 소비 습관은 찰스 테일러가 '중립적 자유주의'[22]라고 설명한 단계에 도달했다. 우리가 진정성을 옹호한다면, 즉 모든 개인이 각자가 가진 고유한 진리에 따라 살기를 옹호한다면 미학적으로나 도덕적으로나 무엇이 좋은 삶의 구성 요소인지 규정할 수 없다. 스타벅스의 프라푸치노와 장인의 손길로 만든 플랫화이트는 저울에 손을 대지 않는 한 그 무게가 같다.

소비자로서 우리의 선택에 영향을 미치는 문화적, 정치적 가치가 오직 우리 자신의 개인적 취향에만 달려 있다면 브랜드에게 과연 어떤 책임을 물을 수 있을까? 선택의 폭이 무한하지 않은 사람들, '진정성 있는' 욕구를 충족시킬 여력이 없는 사람들은 어떻게 될까? 자신의 '진정성 있는' 열망 쪽으로 저울을 기울일 수 없는 사람들은? 한 인간의 자아를 그가 소유한 물건으로 정의한다면, 자신이 진정으로 원하는 것을 적게 소유하거나 소유하지 못한 사람들의 자아는 훼손된다. 여유가 있는 사람들조차도 끝없는 선택의 순간 속에서 모든 선택지를 다 따져보기란 불가능하다. 진정성 있는 선택지를 찾지 못할 수도 있다. 그러려면 우리가 누구인지 이미 알고 있어야 하기 때문이다.

그러나 당신이 누구인지 스스로 안다고 생각하는 바로 그 순간, 당신은 한 편의 광고를 본다.

더 나은 자신이 되고 싶은가요?

의심이 밀려든다. **어쩌면 저게 나일지도 몰라. 어쩌면 저게 내가 원하는 것일지도.**

당신은 무엇을 원하는가? 당신은 무엇을 원하는가? 당신은, 무엇을 원하는가?

4

정체성

정치와 정체성 정치의 차이점은 무엇일까? 지난 한 세기 동안 정치적으로 가장 중요한 사건들은 젠더, 인종, 계급, 종교, 성, 국적에 관한 것이었다. 정체성은 우리 모두에게 영향을 미친다. 삶의 의미를 부여하고, 소통을 돕고, 세상 속에서 우리 자신의 위치를 찾도록 돕는다. 따라서 정체성은 필연적으로 민주주의에 내재해 있다. 그러나 '정체성 정치'를 이야기할 때, 우리는 보다 구체적인 어떤 것을 의미하는 경향이 있다. 정체성 정치는 대체로 분열적이고 집단주의적인 문화 전쟁을 의미한다. 그 속에서 정체성에 관한 생산적인 대화를 하기는 어렵다. 정체성을 소환하는 것은 논쟁에서의 승리를 보장하는 안전장치 혹은 현실적인 문제를 회피하기 위한 지나치게 감상적인 변명으로 여겨진다. 이러한 소통의 단절은, 그리고 정체성에 관한 정치적 담론이 그토록 비난받는 '정체성 정치'로 전락하게 된 것은 진정성에 대한 우리의 집착 때문이다.

'내적 자아'와 개인의 신성함은 그 어느 때보다도 큰 의미를 지닌다. 그러나 정체성은 겉으로 드러나는 외적 자아, 즉 집단의 일원으로의 자아를 포함하는 개념이다. 부분적일지라도 말이다. 특정 사회 집단과 자신을 '동일시'함으로써 우리는 종잡을 수 없고 규정하기 힘든 '진정한 자아'를 일련의 고정된 특성에 묶는다. 정체성은 자아실현에 필요한, 말하자면 '나는 이런 사람이다'라고 말하는 데 필요한 어휘와 도구를 제공한다. 정체성과 진정성은 너무도 쉽게 혼용되지만 그 둘의 결정적 차이는 종종 논쟁을 유발한다. 그 과정에서 이기심과 공감, 느낌과 사실이 혼동되기도 한다.

소외 계층을 위한 정치의 중요성을 폄하하려는 의도로 현대 사회에 만연하는 '정체성 정치'의 문제점을 지적하는 것은 아니다. 지난 10년간 주로 온라인에서 일어난 운동은 억압적 역학 관계와 구조로부터 해방되도록 수많은 이를 도왔다. 정체성 정치는 자아에서 시작해 집단으로 끝나야 하며, 개인의 독특한 경험을 통해 구조적인 문제들을 규명하고

해결해야 한다. 그러나 현대 사회에서 우리는 소외 집단에
속하지 않은 사람들이 그 자신의 이익을 위해 소외 집단을
악용하는 광경을 너무도 자주 목격한다.

　전통적으로 사회의 억압으로부터 해방된 자아를
의미했던 '순수한' 진정성은 상당한 특권을 가진 위치에서만
누릴 수 있다는 점을 인식하는 것 또한 중요하다. 완전하고
구속 없는 '최고의 삶'을 사는 것으로 여겨지는 이들은 대체로
인종, 외모 또는 기타 속성으로 인식되거나 그와 동의어로
인식되지 않는, 서구의 이상에 부합되는 삶을 살고 있을
확률이 높다. 만약 당신이 사회 표준으로 여겨지는 사람이라면
당신은 마음대로 돌아다니며 '진정성 있는' 삶을 살 수 있다.
반대로 당신이 어떤 맥락에서건 소수자 집단에 속해 있다면
당신의 정체성이 당신을 정의할 확률은 훨씬 더 높아진다.
외부 세계에 의해 꼬리표가 붙을수록, 그 꼬리표가 억압을
어느 정도로 유발하느냐와 상관없이 당신의 진정한 내적
자아를 타인에게 인정받을 확률은 감소한다.

　이런 식으로 정체성의 경계를 정의하는 것과 사람들을
그 경계로부터 해방하는 것, 정체성 **때문에** 인정받는 것과
정체성을 초월하여 인정받는 것 사이에서 긴장이 발생한다.
윌리엄 데이비스는 2021년 〈런던 리뷰 오브 북스London

Review of Books〉에서 정체성 정치는 '자신의 방식대로 자신을 정의하고 공식적 또는 전문적 분류로 정의되는 것을 거부할 권리'[1]라고 썼다. 프란시스 후쿠야마는 《존중받지 못하는 자들을 위한 정치학Identity》에서 '정체성 정치란 존엄을 위한 투쟁이며, 궁극적으로 자신이 속한 정체성 집단에 부과된 그 어떠한 제약도 받지 않는 개인으로 존재할 권리'라고 썼다.[2] 마찬가지로 '사회적 정체성' 개념의 초기 학자 중 한 명이었던 앨빈 굴드너에 의하면, 정체성은 '그가 속한 집단에 의해 한 개인에게 부과된 것'이다. 그는 '사람들은 한 개인에게서 어떤 특징을 관찰하거나 그 특징으로 개인을 귀속시킨다. 개인의 행동이나 외모의 특정한 측면을 보고 "그는 누구인가?"라는 질문의 단서로 삼는다'[3]라고 썼다. 정체성에 대한 우리 자신의 인식은 우리의 삶을 3인칭 시점에서 생각할 때만 가능하다. 자기 자신을 정의할 **권리**에 관한 데이비스와 후쿠야마의 개념은 외적인 요소로 분류되는 개념과 정면으로 대립하지는 않는다. 그러나 개인적 진실과 집단적 진실의 확립 모두가 문화적으로 중요해짐에 따라 그 둘이 서로 뒤엉킨 채 서로의 의미를 훼손하고 있음을 간파하기란 어렵지 않다.

보수 언론에서 '취소 문화cancel culture'[*], '워크woke'[***], 진보적 '눈송이'[****] 같은 말을 무기 삼아 일반인의 행동을 검열하는 공포 분위기는 바로 이러한 혼란의 직접적인 결과라고 볼 수 있다. 내적 자아와 정체성이 동의어로 간주되면 집단에 대한 비난은 개인을 향한 공격처럼 느껴질 수 있고, 지독하게 인종 차별적이거나 여성혐오적인 감상마저도 한 개인의 정당한 비판으로 포장될 수 있다. 흑인 하원 의원 다이앤 애보트를 향한 모욕이 무해하게 여겨질 뿐 아니라 심지어 정치적으로 필요한 논평으로 정당화되는 경우가 빈번하게 발생하는 것만 보아도 알 수 있다.

정체성의 추구는 진정성의 추구를 회피하기 위한 것이 아니다. 단지 진정성이라는 결함이 있는 프레임을 자아 밖의 무언가에 적용하는 것일 뿐이다. 문제는 진정성이 개인이 가진 고유한 경험과 얽혀 있다는 점이다. 진정성은 진실이지만, 한 개인에게 유독 진실인 것을 의미하는 말이다. 집단의 경우에는 하나 이상의 진실이 존재할 수 있다. 이 두 개념이 양립할 수 있을까?

- 소셜 미디어에서 자신과 생각이 다른 사람에 대해 팔로우를 취소하는 문화
- • awake에서 파생된 말로 사회적, 정치적, 인종적 불평등과 부당함에 대해 깨어 있음을 뜻하는 말. 정치권에서는 과도한 정치적 올바름이나 지나친 진보주의를 비판하는 용어로 사용된다
- • • 보수적 관점에서 진보주의자들이 과도하게 민감하거나 상처받는 것을 비난 혹은 조롱할 때 사용되는 미국의 속어

✱

정신 분석학자 에릭 에릭슨은 자신의 저서 《유년기와 사회 Childhood and Society》[4] 에서 삶의 방향에 관한 청소년기의 혼란을 설명하기 위해 '정체성 위기'라는 용어를 사용했다. 에릭슨 자신도 그런 혼란을 겪었다. 에릭슨이 겪은 '정체성 혼란'은 키가 크고 금발에 파란 눈을 가진(그의 아버지는 덴마크인이었다) 그가 독일 남서부에서 유대인 양아버지와 함께 살며 청소년기를 보낸 데서 비롯되었다. 에릭슨은 양아버지의 동네에서는 비유대인이라는 의미의 '고이goy'로, 학교에서는 '유대인'으로 불렸다.

에릭슨의 경험을 통해 우리는 정체성이 진정성과 어떻게 서로 충돌하고 또 의존하는지 알 수 있다. 사회적 정체성은, 스튜어트 홀이 표현한 것처럼 '집단적인 "하나의 진정한 자아"'[5]다. 에릭슨이 둘 중 어느 범주에도 쉽게 들어갈 수 없었다는 사실은 사회적 정체성에도 진정성이 요구된다는 것을 보여준다. 즉 한 개인과 마찬가지로 하나의 집단도 집단의 진정한 자아가 무엇인지 알아야 하며 해당 집단에 들어가려면 그 요건을 충족해야 하는 것이다. 집단의 외적 정의는 내적 정의에 의존하고, 마찬가지로 내적 정의 역시 외적 정의에 의존한다.

이러한 본질주의는 소위 정체성 정책의 분열을 유발한다. 본질주의는 자연스럽게 배타성을 부르기 때문이다. 요건을 충족시켜야만 집단의 일원이라는 '정체성'을 인정받을 수 있다. 에릭슨은 유대인도 아니었고 비유대인도 아니었다. 기준이 까다로울수록 그 기준을 충족하지 못거나 이해하지 못한 사람들은 더 배척당했다고 느낀다. 예를 들면, 성적 취향에 관한 정의들이 갈수록 복잡해짐에 따라, 특정 정체성을 이해하지 못하거나 이해할 필요를 느끼지 못하는 〈데일리 메일〉 독자들이 반워크antiwoke 운동을 펼치기도 하는 것이다. 그렇다고 해서 그러한 정체성을 가진 사람들에게 자신들의 경험에 이름을 붙이는 행위의 중요성이 감소하는 것은 아니다. 그것이 내적 자아를 실현하고 싶어서든, 집단적 혹은 정치적 목표에 도움이 되어서든 상관없다. 중요성은 오히려 커질 것이다.

이 상황의 핵심은 진정성이다. 진정성 있는 집단적 자아의 완전무결성을 중시하다 보니, 요건을 충족하지 못한 자가 집단에 들어오려 하면, 다른 누군가의 근본적인 진실을 훼손한다는 이유로 호된 비난을 받는다. 인종 혹은 국적으로 인해 역사적으로 소외된 집단의 맥락에서 볼 때, 그런 행위는 종종 '문화적 도용(문화적 전유)cultural appropriation'으로 일컬어진다.

특정 문화의 본질, 특히 그 문화권의 사람들이 무시당하거나 핍박당했던 요소들은 외면한 채 피상적인 요소들만을 채택하는 행위를 일컫는 말이다. 이것은 홀이 설명한 문화 정체성의 구성 요소인 '공통의 역사적 경험과 공유된 문화적 코드'[6]의 어설픈 모방이다. 2019년 가수 아델은 노팅힐 카니발에 참석하기 위해 꾸민 자신의 모습을 인스타그램에 올렸다. 노팅힐 카니발은 런던 서부에서 열리는 카리브해 문화 축제인데, 사진 속 아델은 자메이카 국기 색상의 비키니를 입고 반투 매듭*을 했다. 그는 근사해 보이려고 흑인 문화를 도용했다는 비난을 받았다.

문화적 도용은 모욕일 뿐 아니라 억압을 영구화하는 행위다. 왜냐하면 그것은 약자로부터 무언가를 강탈하고 그 문화적 의미를 제거하는 식민지화의 한 형태이기 때문이다. 또한 문화적 도용은 고정 관념을 영구화하고 하나의 문화를 가장 눈에 뜨이는 특징으로 축소하여 맥락에서 떼어내는 행위이기도 하다. 그러나 문화적 도용이 진정성 없기 때문에 범죄 행위가 된다면, 애초에 도용당한 문화에 진정성이

---

* 아프리카의 반투족에서 유래된 헤어스타일로 머리카락을 꼬아 작은 뿌리 매듭 모양으로 만든 것

있어야 한다. 작가이자 운동가인 애쉬 사르카는 2019년 〈가디언Guardian〉에 기고한 글에서 그 점에 이의를 제기했다.

> 만약 당신이 이민 2세대 혹은 3세대라면, 문화적 유산과의 유대는 다소 빈약할 수 있다. 당신은 이 나라에서는 외국인이고 조상의 땅에서는 관광객이며, 당신의 가정은 당신이 수집한 문화 조각들을 이어 붙인 까치 둥지일 뿐이다. 문화적 도용에 관한 논쟁은 식민주의와 이민 같은 지각 변동 뒤에도 여전히 온전하게 보존될 수 있는 안정적이고 진정성 있는 문화와의 연결고리 같은 것이 존재한다는 달콤한 거짓말을 유포한다.[7]

어떤 맥락에서건 문화와의 안정적이고 진정성 있는 연결은 자아와의 안정적이고 진정성 있는 연결을 제공하는 것 같다. 개인의 진정성에 대해서도 똑같이 집착하는 사회에서, 확실하고 진정성 있는 **집단** 정체성의 매력은 그 어느 때보다 클 수 있다. 그러나 개인 자아에 대한 불확실성을 완전히 해소하려면 집단 정체성이 안정적이어야 한다. 《백인이 다음에 할 수 있는 일》에서 엠마 다비리는 고정적 정체성 분류(여기서는 인종의 관점에서)가 소외 집단이 아닌 억압 집단을 강화한다고 주장한다. 억압자라는 정체성을 반복해서 인정하다 보면 그것이 진실이라는 개념을 영구화하고 불가피한 사실로 고정할 뿐 아니라, 적극적으로 행동하지 않을 구실을 제공하기 때문이다.[8] 다비리는 '그것이 어떤 의미인지 더 이상 분석하지 않고 당신의 "백인성whiteness"을 천명하고 주장할수록 그리고 그러한 자아의 설명에 자신을 고정할수록, 당신은 자신의 "백인성"에 더 집착하게 된다'[9]고 썼다. 다시 말해서, '백인성'과 '흑인성'이 본질적이고 확고한 분류로 정당화될수록, 표면적으로는 분열을 완화하려는 것처럼 보이지만 실제로는 분열을 더 견고하게 한다는 것이다. 다비리는 백인성이 우월성이라는 개념과 연결되어 있다고 보았다.[10] 이런 상황에서 백인성을 정체성으로 내세우는 것은 자신이 '특권층'임을 선의로 인정하는 것일 수도 있지만, 바로 그 특권이 의심의 여지없이 진정성 있는 자아의 일부임을 묵인하는 행위이기도 하다는 것이다. 다비리는 '타인의 열등감이 당신의 자아 인식에 필수 전제 요건이라면, 당신은 이미 갇혀 있고 벗어나기 힘든 상태'[11]라고 썼다.

자신이 속한 사회 집단과 거리를 두기 위해 극단적으로 노력하는 것 또한 문제를 일으킬 수 있다. 모델 에밀리 라타이코프스키는 자신의 에세이집《마이 바디My Body》에서 부자들에 대한 불평을 터뜨렸는데, 사실 그는 몰디브로

공짜 휴가를 떠나 해변에 앉아서 그 글을 썼다.[12] 사립 학교 출신 남학생들이 머리부터 발끝까지 허름한 운동복을 입고 비속어로 말하는 것 역시 마찬가지다. 그들 자신이 분명히 인식하고 있는 정체성에 대한 방어 심리는 오히려 그 사실을 강조할 뿐이다.

크게 보았을 때, 개인적 자아를 집단적 자아의 고정된 정의에 연결하는 것과 그로 인해 집단의 정의가 영구화되는 것은 자칫 양극화나 극단주의로 이어질 수 있다. 견고한 집단적 정체성에서 개인의 안정감을 찾으려 한다면 집단에 대한 모든 의혹은 개인에게 고통이 된다. 정체성은 지극히 감정적인 것이기 때문이다. 따라서 집단 정체성이 위기에 처할 때, 지난 수십 년간 이민이 증가하고 세계화가 진행되면서 영국의 국가적 정체성이 그랬던 것처럼, 하나의 정체성은 새로운 정체성과 과거를 완고하게 답습하려는 과거의 정체성으로 분열된다. 그리고 개인은 그 안에서 자신의 자아 인식을 유지한다. 기존의 정체성은 더 극단으로 치닫거나 더 집결한다. 단지 그 규모가 줄어서가 아니다. 그 안의 개인들이 집단의 규모가 컸을 때와 여전히 똑같은 감정적 의미를 부여하기 때문이다. 집단적 자아의 의미는 더 좁아졌는데 무게는 같은 셈이다.

'하나의 진정한 자아'의 분열은 최초의 집단에 고정적 속성이 있었다는 개념을 자연스럽게 무너뜨린다. 진정한 집단적 자아가 단 하나가 아닌 둘 이상이 될 수 있다는 사실로 인해 진실의 위상은 약해진다. 이는 언론이 여성의 정의가 무엇인지를 놓고 벌인 '젠더 전쟁'에서도 드러났다. 진정성의 문화 속에서는 두 가지 버전의 진실이 동시에 존재할 수 없음을 다시 한번 확인할 수 있었다. 정신 분석학자 로널드 랭은 '거짓 자아'의 구축을 전제로 한 정신 분열 연구서 《분열된 자기 The Divided Self》에서 이렇게 썼다.

> 우리가 타인을 공격할 때 선호하는 방식은 타인과의 관계 속에서 우리가 암묵적으로 공격이라고 느끼는 것들과 동일한 원칙에 기반을 둔 것 같다. 따라서 자신의 주체성이 타인에 의해 묵살당하거나 침해당하거나 말살당하는 것을 두려워하는 사람은 종종 타자의 주체성을 묵살하거나 침해하거나 말살하려는 모습을 보인다.[13]

문화 전쟁은 종종, 당신의 정체성이 다른 사람들이 생각하는 당신의 정체성과 충돌하는 것처럼 보일 때 촉발되곤 한다.

영국 민족주의의 경우, 2016년 브렉시트 국민 투표를 기점으로 이러한 양상이 뚜렷하게 나타났다. 영국인 중 어떤 이들은 영국이 유럽연합 가입을 통해 더 다양하고 유동적인 정체성을 가진 더 큰 집단에 속하게 되고, 그로 인해 영국의 국가성을 강화할 수 있다고 보았다. 반면 반대파는 유럽연합이 영국적 정체성의 순수함을 훼손했다고 보았다. 주권 회복이라는 슬로건으로 표출된 유럽연합 탈퇴 운동은 자율성과 진정성에 바탕을 두고 있었다. 그들을 유럽연합으로부터 독립하면 영국이 더 단결되고 통합된, 자기 결정권을 가진 국가로 부상할 수 있을 것이라고 생각했다. 유럽연합 잔류와 탈퇴를 가르는 주된 요인은 학력이었다. 34세 미만 유권자 중 학위가 있는 유권자의 80퍼센트가 유럽연합 잔류에 투표한 반면, 학위가 없는 유권자 중에서는 37퍼센트만이 잔류에 표를 던졌다.[14] 고등 교육은 진보적 가치나 개인의 권리를 우선시하는 성향과 긍정적인 상관관계가 있는 것으로 나타났다. 반면 대학에 진학하지 않은 사람들은 일반적으로 위계질서, 전통, 안정적인 집단 정체성을 더 중시하는 것으로 나타났다.[15]

물론 이러한 본질적인 '영국성 Britishness'은 대체로 이민

정책 혹은 이민 반대 정책으로 정의되었다. 유럽연합 탈퇴에 투표한 사람의 72퍼센트는 이민으로 인해 '영국 문화가 훼손되었다'[16]고 보았다. 개인의 자아 인식이 영국성에 의존하는 경우, 이러한 상황은 당연히 개인의 자아 인식에 영향을 미칠 수밖에 없다. 예를 들면, 만약 당신이 전통적인 '영국적' 방식(기독교적 가치관, 영국의 주요 산업 분야에서 일하는 것, 펍pub처럼 영국만의 소소한 문화를 즐기는 것 등)으로 자란 백인이고 영국 국적으로 자신의 정체성을 정의하는 사람이라고 치자. 그런데 당신의 눈에 보이는 영국이 백인들의 국가가 아니고 기독교 국가도 아니며 당신이 따르던 전통을 따르지 않는다면, 당신은 자신의 내적 진정성이 위협당한다고 느낄 수 있다. 영국이 당신을 닮지 않으면 당신도 당신 자신 즉, 영국인이 될 수 없는 것이다.

이렇듯 의미에 대한 위협이 발생하고 우리의 소중한 내적 자아가 정체성의 외적 표현으로 인해 혼란에 빠질 때, 자아를 보호하기 위해 개인이 집단 정체성을 바꾸거나 보호하려는 시도가 나타날 수 있다. 2020년 미니애폴리스에서 경찰관이 조지 플로이드를 살해한 사건이 발생하자 전 세계적으로 '흑인의 생명도 소중하다Black Lives Matter (이하 BLM)'라는 흑인 민권 운동과 인종 차별 반대 시위가 일어났다. 이 과정에서 역사적 맥락에서의 문화적 정체성에 대한 의문이 제기되었다. 브리스틀에서 흑인 민권 운동 시위 도중, 시위대가 노예상이었던 에드워드 콜스턴의 실물 크기 동상(수년에 걸쳐 지역 단체들이 철거 운동을 벌여 온 동상이었다)을 쓰러뜨려 인근 항구로 끌고 가 바다에 던져버리는 사건이 발생했다. 이 사건으로 인해 영국에서는 논란이 있는 인물의 동상을 세우고 우상화하는 것에 관한 열띤 논쟁이 수 주에 걸쳐 이어졌다. 역사학자 데이비드 올루소가는 〈가디언〉에 기고한 글에서 이 논쟁으로 인해 진정한 반인종주의 운동이 '궤도를 이탈'[17]했다고 주장했다. 이러한 궤도 이탈은 경찰 폭력과 보건 불평등 그리고 권력 조직에서 흑인의 대표성 부족 등, 시위를 통해 대중적 관심을 불러일으킨 사안들을 회피하고 싶었던 권력자들에게 오히려 유리하게 작용했다.

올루소가가 '동상 전쟁'[18]이라 칭하는 그 사건은, 적어도 직접적으로는 인종 차별에 관한 사건이 아니었다. 그것은 정체성에 관한 사건이었다. 대부분의 반인종주의 운동가들은 논쟁적 인물의 동상을 세우는 것은 '문제 자체가 아니라 문제의 증상'[19]이라는 데 동의할 것이다. 당시 동상 문제에 가장 민감했던 사람들은 제도적 평등을 실현하려 노력하는 흑인 시위대가 아니었다. 콜스턴을 비롯한 다른 동상의 철거를 정체성의 위협으로 인식한 사람들이 그 문제에 가장 민감했다는 것이 중론이었다. 문자 그대로 돌에 새겨진 역사적 유물을 제거하거나 옮기는 행위는, 이전에는 견고해 보였던 정체성의 면면들이 불안정해지는 것을 은유적으로 의미했다. BLM 운동과 콜스턴 동상 철거 사건 이후 몇 주 동안, 브리튼 퍼스트Britain First[*], 데모크라틱풋볼라즈얼라이언스Democratic Football Lads' Alliance[**]와 같은 극우 단체들이 반대 시위를 조직했다. 수백 명의 시위대가 '유적을 수호'하고 동상들을 '보호'하기 위해 런던으로 향했다. 의회 광장의 윈스턴 처칠 동상은 '윈스턴 처칠은 인종 차별주의자였다'라는 낙서로 훼손되어 있었다. 시위대 중 일부는 워릭셔 주 너니턴에서 노예 제도에 적극 반대했던 조지 엘리엇의 동상을 빙 두르고 서서 온라인에서 비웃음을 샀다. 시위대 중 한 명은 〈데일리 메일〉을 통해 이렇게 말했다. '나는 우리의 역사를 수호하려는 순수한 마음으로 이곳에 왔다.'[20] 사실 그가 수호하고자 했던 것은 그 자신의 자아감이었음을 짐작하기란 어렵지 않다.

- [*] 2011년에 설립된 영국의 극우 정치 단체
- [**] 2017년에 설립된, 축구팬들을 기반으로 조직된 영국의 극우 정치 운동 단체

페미니즘, 특히 영국의 페미니즘 또한 '주체성이 타자에 의해 제압당하거나 침해당하거나 동결되는 것'에 대한 두려움[21]에 시달리고 있으며, 진정한 의미의 여성성에 관한 질문들로 갈등을 겪고 있다. 1980년대 후반 철학자 주디스 버틀러가 대중화한 젠더 정체성 이론에 따르면, 젠더는 생물학적 성별과 불가분의 관계에 있는 것이 아니라 하나의 타고난 감정이며 수행performance 을 통해 세상에 실현될 수 있는 것이다.[22] 물론 트랜스젠더(이하 트랜스)는 버틀러 이전에도 존재했지만, 젠더 정체성 이론이 등장하면서 트랜스의 의미에 대한 인식이 바뀌었다. 이전에는 트랜스가 호르몬, 수술, 복장 등을 통해 성별을 바꾸거나 성전환을 한 사람을 지칭하는 물리적 의미였다면, 지금은 내면의 젠더가 출생 당시의 성별을 바탕으로 '부여된' 젠더와 일치하지 않는 사람을 뜻하는, 좀 더 본질적인 의미로 바뀌었다.

젠더 연구는 내적 자아와 외적 자아 같은 투박한 구분보다 훨씬 더 복잡한 개념이지만, 젠더 정체성에 관한 수많은 글에는 더 넓은 의미의 진정성의 언어들이 포진해 있다. 성소수자 자선 단체인 스톤월은 젠더 정체성에 대해, '남성이거나 여성이거나 혹은 다른 어떤 것이거나, 사람이 자신의 젠더에 대해 느끼는 타고난 감각'[23]으로 정의한다.
2006년 국제인권단체회의에서 작성한, 젠더와 성적 지향에
관한 인권 선언인 요그야카르타 원칙은 '누구도 자신의 젠더
정체성에 대한 은폐, 억압 또는 부정의 압력을 받아서는 안
된다'[24]고 천명했다. 지난 10년 동안 젠더 디스포리아(출생 시의
생물학적 성별에 따라 부여된 젠더와 실제 젠더 정체성이 일치하지
않는 상태) 진단이 현저히 증가했고 그에 따른 젠더 정체성
치료 건수 역시 증가했다. 보수 언론에서는 이러한 현상을
자신의 감정을 인정받는 것이 유일한 목표인, 깨어 있는
눈송이들이 주도하는 위험한 '트렌드'로 묘사하곤 한다. 이는
타인에 대한 편견과 두려움에서 촉발된 악의적 문화 전쟁이며,
어떤 대가를 치러서라도 진정성과 진실을 옹호하는 이들에
대한 원색적인 비방으로 표출된다.

그러나 트랜스를 자신의 젠더 정체성 집단으로
포용하기를 거부하는 사람들조차도 그들 나름의 진정성의
원칙을 수호하는 것이다. 따라서 설령 그들이 이미
취약한 성소수자들에 대한 적극적인 핍박에 가담하고
있는 것이 사실이라 해도 그러한 논쟁은 큰 의미가
없다. 젠더를 생물학적 성별과 정확히 일치하는 것으로
인식하는 본질주의자들의 젠더 정의는 진정성 있는 자아에

집착한다기보다는 진정성 있는 남성인지 혹은 여성인지에
집착하는 것처럼 보일 수도 있다. 트랜스 여성을 여성으로,
트랜스 남성을 남성으로 정의하는 것에 대한 격한 반발은
트랜스 당사자들이 진정성이 없거나 향후 없을 수 있다는
가정에서 비롯된다. 정체성 집단의 유연한 정의를 악용하여
본모습을 감추는 사람들이 있다는 사실은 불안을 유발한다.
예를 들면, 약자를 이용하려는 시스젠더 남성이 여성들의
공간에 접근할 권리를 획득하여 여성을 해치기 위해
트랜스인 척하거나, 남성 선수가 경기에서 이기기 위해
젠더 정체성을 빌미로 여성 스포츠에 참가할 수도 있다는
것이다. 스포츠계의 논쟁은 트랜스를 넘어서 선천적으로
테스토스테론 수치가 높은 간성* 여성이었던 캐스터 세메냐와
같은 운동선수들에게까지 확대되었다. 세메냐는 여자 종목에
출전하려면 테스토스테론 수치를 억제해야 한다는 2019년
세계육상연맹의 규칙에 이의를 제기했다. 젠더 정체성을
논외로 하더라도, 우리는 생물학적 기준만으로는 여성과
남성을 깔끔하게 정의할 수 없다.

　　진정성 없는 인간에 대한 전반적인 불안감뿐 아니라,

---

* 전형적인 남성이나 여성의 신체 정의에 규정되지 않는 성징을 가진 사람

성소수자와 트랜스를 배제하는 급진적 페미니스트trans-exclusionary radical feminists(흔히 터프TERF라는 논쟁적 호칭으로 불린다)와 '젠더 비판적gender-critical' 페미니스트(그리고 트랜스 여성을 시스젠더 여성과 같은 범주에 포함시키면 안 된다고 믿는 그 외 사람들)들은 역사적으로 여성이 겪어온 억압이 생물학적이고 육체적인 문제에 바탕을 두고 있다는 사실에 집중한다. 이를테면, 남성의 공격성, 출산 트라우마, 성폭력, 여성 질환을 외면하는 의료계의 현실 같은 문제들이다. 그러한 일을 직접 경험한 적이 없거나 그 위협을 온전히 이해하지 못하는 사람이 그들과 같은 범주로 분류된다는 것은 시스젠더 여성에게 불쾌감을 줄 수 있고, 설명할 수 없는 이유로 상당수의 시스젠더 남성에게까지 불쾌감을 준다. 시스젠더 여성은 트랜스를 일종의 도용으로 보고 트랜스가 여성의 역사적 투쟁을 '코스프레'한다고 여긴다. 물론 이것은 트랜스 역시 가부장제 규범에서 이탈함으로써 남성의 공격, 폭행, 의료 소외 문제와 싸워야 한다는 사실을 무시하는 개념이다. 다시 말해서 그들은 고정적이고 실질적인 여성성의 정의가 존재하고 그 정의에 부합하려면 어떤 특성을 반드시 갖추어야 한다고 보는 것이다. 그리고 그러한 여성성의 정의에 억압이 포함되어 있거나 혹은 그 정의가 역사적으로 억압을 초래했다고 보는 관점이야말로, 트랜스 여성이 여성인지 아닌지에 관한 질문이 트랜스 남성이 남성인지 아닌지에 관한 질문보다 트랜스 담론에서 훨씬 큰 비중을 차지하는 이유이다.

앞서 말하였듯이 만약 모든 젠더가 수행이라면, 도용할 만한 실체 자체가 없는 것이다.《제2의 성 The Second Sex》에 수록된 '여성으로 태어나는 것이 아니라 여성이 되는 것'[25]이라는 시몬 드 보부아르의 유명한 주장에 대해, 버틀러는《젠더 트러블 Gender Trouble》에서 '여성이 되는' 사람이 반드시 여성이어야 한다는 전제는 어디에도 없다'[26]라고 썼다. 그와 반대로, 2021년 서식스대학의 철학과 교수였던 케이틀린 스톡은 수없이 거론되었음에도 여전히 중요한 개념 즉, '여성성' 또한 그 자체로 하나의 억압적인 틀임을 강조하면서 여성이 '되고' 싶은 대상이라는 개념에 반기를 들었다. 스톡은 자신의 저서《머트리얼 걸 Material Girls》에서 '20세기 페미니스트들이 보부아르와 같은 맥락에서 "여성이 되는 것"에 대해 논할 때, 그들이 말한 것은 특정 유형의 "내적" 정체성을 갖는 것이 아닌, 당신에게 부과된 여성성에 관한 일련의 사회적 규범이나 기대를 말한 것이다'라고 썼다.[27] 여기서 스톡은 비판적 젠더 운동의 가장 큰 걸림돌 하나를 드러냈다. 페미니즘은 정확히 특정 유형의 "내적" 정체성을 갖는 것에 관한 운동인 것이다. 스톡은 '페미니스트들은 여성의 개성, 행동, 삶의 선택들이 자신의 생물학적 여성성에 의해 결정되고, 그로 인해 여성은 직업이나 지적 활동보다는 가정생활에 적합하다는 역사적 고정 관념에서 탈피하고자 했다'[28]고 썼다. 왜냐하면 직업이나 지적 활동이 여성의 진정한 관심을 보다 더 잘 반영하기 때문이었다. 보부아르가 말하는 '여성이 되는 것'이 수행을 통해 자아를 구축하는 것이건 혹은 사회가 당신의 정체성을 읽고 강요한 고정 관념에 의해서이건, 20세기 페미니즘은 여성이 갇혀 있는 틀에서 여성을 해방시키는 것에 초점을 맞추었다. 페미니즘은 여성이 '여성'이라는 표식과 그 속에 담긴 역사적 의미에 구속되지 않고, 진정한 자신의 모습으로 사는 것을 가능하게 했다. 그렇다면 여성의 신체는 정체성을 드러내는 결정적 표식이라기보다는 억압의 최전선이 된다. 트랜스는 당신의 신체가 당신에게 부과한 사회적 경계를 탈피한다는 점에서 단연 궁극의 해방이라고 말할 수 있다.

페미니즘은 당신이 갖고 태어난 육체와 상관없이 외적 정체성의 표식으로 판단되지 않고 진정한 자아를 구축할 자유를 말한다. 이 개념의 그 어떤 대목에서도 트랜스 여성이 여성임을, 또는 트랜스 남성이 남성임을 배제하지 않는다.

그러나 여성의 육체는 역사적으로 폭력의 대상이었고 개인의
자아는 그러한 조건들을 중심으로 구축되었기 때문에(아마도
그 개인들 역시 폭력의 대상이었기 때문에), 일부 시스젠더
여성은 개인으로서의 그들의 진정성 있는 경험을 정의해
왔던 젠더 경계를 유지하고 싶어 한다. 여성 정체성의 경계에
대한 의심은 여성의 자기 이해에 균열을 일으켰다. 여성성이
진정성을 요구하려면 오직 한 가지 버전의 여성성만이
존재해야 한다. 자신의 정체성을 은유하는 동상은 펜스를
두르고 수호하면서 다른 이의 동상은 훼손하는 사람들,
트랜스들의 존재 자체를 부정하는 사람들이 나타나는 것은
바로 그런 이유 때문이다. 그들은 다시 말해서, '타인의
주체성을 제압하거나 침해하거나 말살하려는' 사람들이다.[29]

　　정체성 집단의 경계가 엄격하게 유지될 때, 그것은
당연히 온전하고 자유로운 내적 자아의 개념과 충돌한다.
그러나 데이비스와 후쿠야마가 간파했듯이, 개인의 진정성
문제 혹은 개인이 진정성을 추구할 **권리**에 관한 문제는
언제나 '정체성 정치'의 핵심이었다. '정체성 정치'라는

용어는 콤바히리버콜렉티브Combahee River Collective 라는 단체에서
유래했다. 이는 1970년대 흑인 해방 운동과 백인 위주의 여성
운동이 그들의 경험을 온전하게 반영하지 않는 데 환멸을
느낀 흑인 레즈비언 페미니스트 사회주의자들이 결성한
단체였다. 그들은 1977년 '흑인 페미니즘' 선언문에서,
그들의 특수한 정체성으로 인해 그들만의 정치가 필요하다고
역설하며 교차성*의 중요성을 암시했다. 그들은 '우리는 …
인종적, 계급적, 성적 억압을 분리하기가 어렵다. 일상에서
그것들을 동시에 겪고 있기 때문이다. 우리는 전적으로
인종적이지도 전적으로 성적이지도 않은, 인종적이면서
동시에 성적인 억압이 존재한다는 것을 알고 있다'[30]고 했다.
이러한 억압으로부터 해방되어 진정한 자아를 실현하는
것이 그들의 궁극적인 목표였다. '우리의 정치적 신념은 흑인
여성이 본질적으로 가치 있는 존재이며, 누군가의 부속물이
아닌 한 인간으로의 자율성을 위해 우리의 해방이 필요하다는
믿음에서 시작되었다 … 우리는 받침대도, 여왕 대접도, 열
걸음 뒤에서 걷는 것도 거부한다. 한 인간, 동등한 인간으로

• 젠더, 인종, 계급과 같이 한 개인이 지닌 다양한 정체성이 상호 교차적으로
   형성되고 그에 따른 차별 또한 복합적으로 작동한다는 현상을 설명하는 용어

인정받는 것으로 충분하다.'[31]

　'동등한 인간'으로 인정받는 것은 단연 소외 집단의 가장 핵심적인 투쟁이다. 정체성 정치는 정체성에서 비롯된 내적 자아를 실현한다기보다는, 정체성에도 불구하고 내적 자아를 실현하는 것이다. 후쿠야마는 '존엄의 확장과 보편화로 인해 자아의 사적 탐구가 정치 과제로 바뀐다'라고 썼다.[32] 존엄은 단순히 식별 가능한 정체성이 아닌, 더 깊은 차원의 정체성을 인지하는 것에서 우러난다. 또 특정 정체성을 가진 자가 다른 이와 동등하게 중요한 존재이고 권리를 누려야 할 존재임을 암묵적으로 인정하는 것이다. 집단 내 개성의 허용은 집단의 유동성에 매우 중요하다.

　이러한 맥락에서 볼 때, 순수한 진정성을 추구하려면 어느 정도의 특권이 필요하다. 자아의 진정성에 대한 산발적이고도 포괄적인 탐구는 해당 개인에게 선택의 자유가 주어진 경우에만 가능하기 때문이다. 선택에 대한 부담이 클수록 진정성 추구는 어려워진다. 역사적으로 진정성 있는 자아의 표현을 위한 선택이 제한되었던 이들이나, 그들을 감정과 독특한 개성을 지닌 한 인간으로 인식하는 것 자체가 급진적이라고 여겨졌던 이들의 경우가 그렇다. 진정성이 '자신의 진실에 따라' 살기 위해 주어진 환경을 극복하는 것이라면, 정체성은 우리에게 받아들이라고 설득한다. 당신은 당신을 만든 환경, 그리고 당신의 인종, 국적, 외모, 장애와 같은 것들을 탈피하거나 억압할 수 없다. 오직 포용할 수 있을 뿐이다. 자신의 진실에 따라 사는 삶이 특정한 라이프스타일과 동의어가 되어버린 요즘 세상에서, 저마다의 '진실'이 다른 모습일 수 있음을 인정하는 것은 중요하다.

이렇듯 '우리가 누구인지'를 받아들이고 그것을 표현하는 문화는 비교적 사소한 정체성 관련 서사의 과장을 유발한다. 국가, 인종, 젠더와 같은 전통적인 집단 정체성의 기반이 불안정해짐에 따라 우리는 자연스럽게 우리 자신을 엮을 수 있는 확고한 특성들을 찾는다. 온라인에서 일어나는 모든 미세 트렌드를 과도하게 분류하는 것(종종 어떤 단어에 '코어'라는 접미사를 붙이는 식으로 나타난다)은 집단에 소속되고자 하는 우리의 욕망을 반영하는 소모적 증거로 볼 수 있다. 어쩌면 뭐든 유동적이고 변화하는 상태 그대로 두지 못하는 우리 자신의 모습을 보여 주는 증거일 수도 있다. 펑크punk*나 이모emo**와 같은 반문화와 달리, '코티지코어cottage core***'나

'인디슬리즈indie sleaze ••••'는 주로 온라인에서만 존재하며 이미지 자료와 향수의 틀을 넘어서는, 이렇다 할 특징이 거의 없다. 그럼에도 전통적인 정체성의 틀이 흔들리고 우리 모두가 자기 자신이 되어야 한다는 압박을 피할 수 없을 때, 그런 것들은 우리 자신을 옭아맬 수 있는 안정적이고 확실한 무언가를 제공한다. 우리는 모든 것에 경계를 긋고 싶어 하고 모든 주장에 어느 한쪽 편을 들고 싶어 한다. 온라인에서는 우리가 특정 유형의 사람이라는 메시지를 전할 수 있다. 또 오직 이미지에 기반한 집단을 창조할 수 있으며, 다른 사람들도 그 이미지로 우리를 쉽게 식별할 수 있다.

　　2010년대 중반과 그 이후의 점성학 유행은 겉보기에는 사소하지만 강력한 정체성 표출의 사례다. 1980년대 일간지의 별자리 운세에 나오는 포춘 쿠키식 잠언과는 거리가 먼 현대

- 　1970년대 중반에 시작된 하위문화로 사회규범과 제도에 대한 반항과 거부를 중시한다
- •• 　감정적 하드코어를 뜻하는 Emotional Hardcore의 줄임말로 1980년대 중반 워싱턴 D.C지역에서 시작된 음악 장르이자 하위문화
- ••• 　2010년대 후반 인터넷과 소셜 미디어를 통해 유행하기 시작한 미적 트렌드이자 라이프 스타일로 자연과의 조화를 지향한다
- •••• 　2000년대 초중반부터 중반까지 유행했던 하위문화이자 미적 트렌드로, 인디 록과 일렉트로클래시 장르의 음악 그리고 그에 따른 패션과 라이프 스타일이 결합된 형태로 나타난다

점성학은 마치 복잡한 그물망 같다. 이를 제대로만 이해하면 진정한 자아를 파악할 수 있지만, 그 진정한 자아는 각 '별자리'의 정체성에 의해 결정된다. 별자리를 읽거나 별자리 출생 차트를 분석하는 사람 중 상당수는 별자리를 믿지 않는다. 그런데도 별자리가 매력적인 이유는 미래를 확실하게 예측해 주고 현재를 명쾌하게 분류해 주기 때문이다. 둘 다 확증편향을 기반으로 작동한다. 별자리 목록을 살펴보면 그중 어느 별자리의 특성이건 나의 성향과 맞는 부분이 있지만, 내가 염소자리라는 사실은 내가 미심쩍은 제안에도 쉽게 동조하고 실용적이며 돈 문제에 칼 같은 사람이라는 뜻이다. 반면 내가 8월에 태어났다면, 나는 외향적인 사람일 확률이 높다.

에니어그램처럼 성격을 파악하는 유사 과학 도구와 이 세상 거의 모든 물질의 특성으로 당신의 성격을 설명하는, 버즈피드•에 올라오는 무수한 퀴즈들처럼 점성학 역시 불가해하고 모호하다. 그러면서도 너무도 상세하게 인간 조건의 복잡성을 설명할 수 있다고 장담한다. 점성술에서 각각의 행성은 삶의 각 단면과 연결되어 있다. 수성 역행

• 미국의 뉴스 및 엔터테인먼트 사이트

기간에 세탁기를 사면 안 되는 것도 그런 이유이다. 즉 당신 삶의 각 영역은 당신이 태어났을 때의 해당 행성 위치에 영향을 받으며, 당신의 별자리—당신의 '태양궁'—과의 단절감은 차트를 조금만 더 깊이 파고들면 해소된다(나는 염소자리이지만 사람들의 비위를 맞추려는 성향도 있다. 다행히 이 특징은 천칭자리 상승궁으로 설명이 된다). 점성학의 생태계에는 사실상 자아의 모든 요소에 대한 설명이 있다. 그 체계가 정교할수록 '진정성'과 유사한 느낌을 준다.

인터넷 덕분에 집단 정체성을 정의하기가 수월해졌고 사람들이 자신의 정체성 집단을 찾기도 쉬워졌다. 물론 이것은 진정성을 추구하는 과정에서 주어지는 수많은 선택 중 일부이다. 이것은 유기적인 깨달음의 과정일 뿐 아니라, '동족'을 찾고 타인을 통해 나의 내적 자아를 발견할 기회이기도 하다. 그리고 때로는 위험한 극단주의로 치닫는다. 집단과 자신을 동일시할 때, 내적 자아의 일부로 느껴지는 분노와 환멸의 감정을 정당화할 수 있다. 비록 실제로는 살아온 삶의 환경에서 비롯된 감정이지만. '비자발적 독신주의자involuntary celibate'를 뜻하는 인셀incel 커뮤니티는 그러한 정당화의 과정을 잘 보여준다. 인셀은 주로 남성들로 이루어진 집단으로, 다른 사람들이 그들을 너무 혐오스럽다고 생각해서 그들과 섹스하지 않는다고 믿는다. 그래서 그들과 같은 문제를 지니고 있지 않은 '채드와 스테이시'들이 사는 외부 세계에 자신들의 증오를 표출하는데, 때로는 살인으로 이어지기도 한다. 엘리엇 로저는 2014년 캘리포니아에서 22세의 나이에 여섯 명을 살해했다. 그는 범행을 저지르기 전 유튜브 동영상을 통해 자신의 섹스를 '부정'한 이 사회에 '복수할 수밖에 없다'고 선포했다. 이후 인셀 커뮤니티는 로저를 '궁극의 신사'라며 우상화했다. 2018년 알렉 미나시안은 '인셀의 반란'이라는 명목으로 열 명을 살해하기 몇 분 전, 페이스북에서 로저를 찬양했다.

인셀의 문화와 관념은 내적 자아가 하나의 정체성(물론 여기서는 여성혐오의 정서가 내재된 정체성이다)으로 편입되는 극단적인 사례를 보여준다. 인셀은 자신을 특정 커뮤니티의 일원으로 간주함으로써 자신들의 독신주의를 불가피한 것으로 적극 표방한다. 그리고 사회에서의 지속적 고립은 일종의 자기 충족적 예언으로 작용하여 그들 집단의 정체성을 안정적으로 만든다. 인셀의 '진정성'은 그들이 현실에 눈떴다는 개념으로 더욱 강화된다. 그들은 '빨간 약'**을 먹고 **매트릭스**로 돌아간 것이다. 자신을 인셀이라고 부르는 남성 중 상당수가 아직 젊고, 조금 더 기다리면 섹스와 연애의 기회가 찾아올 수도 있을 것이다. 그러나 그들은 그런 희망을 거부하기로 선택하고 그들이 믿는 정체성 즉, 연애를 하고 있지 않은 사람이라는 정체성을 그들의 자아 인식과 연결한다. 그들은 자신들이 '채드와 스테이시'들과 동등한 인간이 아님을 스스로 선포한다. 때로 이러한 존엄성의 결여는 여성을 '인간 이하subhuman'인 '페모이드femoid'로 비하하는 여성혐오의 정서로 표출되지만, 결국 그들 자신이 '인간 이하'라는 비난을 면치 못한다. 온라인 인셀 포럼에는 그들과 다른 사람 전체를 구분 짓는 돌이킬 수 없는 차이로 인한 자기혐오가 넘쳐 난다. 진정한 자아의 정체성에 대한 강한 확신은 정치적인 문제로 변질된다. **변화해야 할 것은 내가 아니라 이 사회야**, 라고 생각하는 것이다.[33]

어느 문화 전쟁에서나 진정성이 없는 것에 대한

• 　매력적인 외모를 지닌 성공한 남녀를 일컫는 인셀의 용어

•• 　영화 〈매트릭스〉에서 주인공 네오가 빨간 알약을 먹고 실제 현실을 보게 된 것을 빗댄 표현

경멸은 양측 모두에게서 공통적으로 나타난다. 둘 중 어느 편이건 도덕적 우월성을 과시하는 행위, 즉 실제로는 개인 브랜드나 기업 브랜드의 이익을 위한 것이면서 진보주의를 가장해 공허한 제스처를 하는 것보다 더 끔찍한 죄악은 없다. 내셔널트러스트National Trust•는 2020년 BLM 시위 이후 전시회에서 제공하는 정보의 범위에 관심을 기울이기 시작했다. 그러나 그로 인해 영국에서 사랑받는 단체로서 겉핥기식의 워키즘wokeism에 빠져서는 안 된다는 비난에 직면했다. 내셔널트러스트의 캠페인은 시위 이후 졸속으로 진행된 것이 아니라 이미 몇 달 전부터 준비해 온 것이었지만, 2020년 BLM 운동 이후 도덕적 우월성을 과시하는 듯한 기획들이 쏟아졌다. 흑인과 연대한다는 의미로 인스타그램에 검은색 사각형만 올리고 하루 동안 침묵한 뒤 일상으로 복귀하는 '블랙아웃 화요일' 캠페인도 그중 하나였다.

소셜 미디어가 우리를 정체성 정치의 분열적 본질주의로 떠밀었다. 소셜 미디어는 우리에게 하나의 유형에 맞추고, 하나의 입장을 취하고, 이분법적 결정의 과정을 거치라고 요구한다. 그렇게 해서 '외부인'이 쉽게 식별할 수 있는 최종

• 영국의 자연과 역사 유산을 보호하고 보존하는 비영리 단체

목적지에 도달할 때까지.

소셜 미디어에 다양한 자아를 선별해 전시하는 것 또한 식별하기 쉬운 하나의 유형을 창조하는 과정이다. 전달할 수 있는 정보의 양은 제한되어 있고, 심지어 노출의 수위조차도 결국은 우리 자신에 관한 정보를 전달하는 것이다. 우리가 서로를 모방하며 우리 자신이 누구인지 세상에 알리려 할 때, 소셜 미디어는 자연스럽게 부족tribes 을 양산한다.

집단의 진정성을 실현하는 것은 사회 구조를 무너뜨리는 하나의 방식이 된다. 예를 들면, 성적 취향은 인종이나 젠더처럼 겉으로 분명하게 드러나는 속성보다는 쉽게 숨기거나 억누를 수 있다. 따라서 그것을 드러내는 것은 단연코 진정성 있는 행위이다. 안에 있던 무언가가 표면으로 드러난 것이기 때문이다. 정체성과 진정성은 외적 자아와 내적 자아, '나에 대한 사회의 인식'과 '진짜인 내면의 나'처럼 서로 완전히 상반되는 개념은 아니다. 집단 자산으로서의 정체성에도 진정성은 중요하다. 집단의 진정성은 당신이 특정 집단에 속할 수 있게 하고, 소속의 대가로 당신에게 공동체 의식을 제공하거나 당신의 정체성 위기를 완화하는 집단 내에서의 역할을 부여한다. 당신 앞에 펼쳐진 상황들이 '진정한 당신 자신'을 전혀 반영하지 않는다고 말할 수는 없다.

그러나 그것들이 진정한 당신 자신의 총합도 아니다.

콰메 앤터니 애피아는 자신의 저서《연대를 위한 거짓말The Lies That Bind》에서, 정체성은 '억압의 한 형태가 될 수도 있지만 … 우리의 자유에 윤곽을 제시할 수도 있다'[34]고 썼다. 진정성의 밧줄에 얽매이지 않는다면 보다 유연하게 정체성에 접근 가능할 것이다. 당신이 누구인지는 확정되었을지언정, 가장 결정적인 자질은 확정되지 않았을 수도 있다. 어쩌면 당신은 당신이 속한 집단의 고정적 정체성에 의해 정의되지 않을 수도 있다. 오히려 집단에 속한 개인들의 유동성으로 인하여 집단의 성향이 바뀔 수도 있다. 너무 단단히 묶여 있는 매듭이지만 정체성에 관한 건설적인 대화를 위해, 공감과 이기심의 경계선을 새로 긋기 위해, 무엇보다도 자유가 제한된 이들을 보호하기 위해 우리는 그 매듭을 풀어 가야 한다.

5

순수성

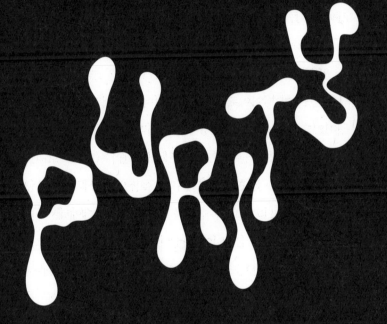

정체성에 대한 집착은 우리 자신인 것being ourselves의 문제일
뿐 아니라, 그들이 되는 것becoming them의 문제이기도 하다.
진정성의 서사적 개념은 니체의 자서전《이 사람을 보라Ecce
Homo》[1]('당신 자신이 되는 법'이라는 부제가 붙은 번역본도
있다), '여정journeys'에 대한 대중 심리적 집착, 레나 던햄의
드라마〈걸스Girls〉의 첫 장면('나에겐 일이 있고, 그다음엔
저녁 약속이 있고, 그리고 그다음엔 나 자신이 되느라 바쁘다'고
해나가 말한다)[2]에서 찾아볼 수 있다. 그래야만 한다는
엄청난 문화적 압박 속에서 우리 자신이 되는 것은 때로
너무도 소모적이고 피로하게 느껴진다. 도움을 주겠다는
온갖 제품들이 우리를 둘러싸고 있으며 우리의 행로를
영원히 바꿀 수도 있는 결정들은 버겁다. 우리는 결정해야

한다. 어떤 사람이 될 것인지는 물론이고, 자아를 실현하기 위해 어떤 방법을 사용할지도 결정해야 한다. 찰스 귀논은 《진정성에 대하여》에서, 니체의 글과 관련하여 '한 인간이 자아를 만드는 작업을 제대로 하고 있는지 판단할 수 있는 기준'은 없다고 했다.[3] 그러나 현대 사회에서 우리는 옳은 선택이 아닐지언정 선택해야 한다는 압박을 느낀다. 어쩌면 애초에 그것이 불가능한 일이라는 사실을 잊기 위해서 그 여정에 집착하는지도 모르겠다. 진정성이 추상적인 목표라는 사실마저 외면하고 나면 우리에겐 단 하나의 질문이 남는다. 어떻게 그곳에 도달할 것인가?

역사적으로 종교가 그 해답을 제시해 왔다. 신앙은 우리가 살아가는 데 필요한 도덕적 규범을 제공할 뿐 아니라 우리 존재를 보다 큰 무언가에, 보다 목적성 있는 무언가에 연결한다. 4세기 아우구스티누스*는 자아를 안정화하는 방법은 자아를 하나님에게 묶는 것이라고 했다.[4] 그러나 종교 생활은 급격히 쇠퇴했다. 2001년 인구 조사에서 영국인의 15퍼센트만이 종교가 없다고 대답한 데 반해, 2011년 인구 조사에서는 영국인의 25퍼센트가 무교라고 답했다. 2020년

•   기독교 신학자이자 철학자

12월에 실시된 유고브YouGov* 설문 조사에 따르면, 자신을 기독교인(영국에서는 여전히 기독교가 단연 우세하다)이라고 밝힌 영국인 중 거의 절반이 종교를 삶의 중요한 부분으로 여기지 않는 것으로 나타났다.[5] 대신 진정한 자아, 최고의 자아에 대한 탐구와 그로 인한 소셜 미디어에서의 자기표현 숭배가 이 시대의 주된 영적 과제로 자리 잡았다.

　　이러한 변화는 여러 면에서 우리를 자유롭게 한다. 직감을 따르고, 마음을 따르고, 자신을 알아야 한다는 상투적인 말들 말고는 딱히 정해진 도덕규범이랄 게 없기 때문이다. 그러나 규범의 결여는 사회를 혼란에 빠트린다. 자본주의 사회의 경쟁적이고 개인주의적인 분위기와 맞물려, 진정성을 추구해야 한다는 영적 명령 때문에 각 개인이 무한한 선택의 바다에서 길을 잃고 불안에 빠진 채 정착할 곳을 찾기 위해 필사적으로 노력해야만 하는 세상이 펼쳐졌다. 이것은 정체성 집단의 형태로, 혹은 우리의 진정한 자아가 우리 눈앞에서 꽃피는 것을 지켜보며 안심할 수 있는 소셜 미디어의 형태로, 혹은 일시적인 짜릿함 속에서 진실의 순간을 맛보게 해준다는 제품의 형태로 표출될 수 있다. 그렇지 않을

•　　글로벌 시장 조사 회사

수도 있지만.

　진정성에 관한 낭만주의적 시각에 대해 귀논은 이렇게
썼다. '자아 발견은 늘 존재해 왔던 어떤 실체를 찾는 것이
아니다. 탐색 과정에서 자아를 만들어 가는 것이다.'[6] 경건한
마음으로 진정성을 추구하다 보면, 경로들이 생성된다.
그것은 내적 자아를 실현할 수 있는 검증된 방법들이다.
자아실현을 위한 다양한 처방들은 썩지 않는 진리의 삶을
창조할 최선의 방식으로 채택되기 위해 서로 경쟁한다. 그러나
두 가지 버전의 진실은 존재할 수 없다는 합리적 결론으로
인해, 다양한 방식들은 서로 충돌한다. 결국 진정성은 공허한
목표임이 드러나고 만다.

　오프라의 닥터 필*로 알려진 필립 맥그로는 2001년
베스트셀러 《자아 Self Matters: Creating Your Life from the Inside Out 》에서 현대
사회의 진정성이 어떤 의미인지 정리했다. 그는 '만약 당신이
현재의 그 상태를 물려받지 않았다면, 특정 가정에서 특정

●　　1990년대 후반 오프라 윈프리 쇼에 정기적으로 출연했던 미국의 심리학자

신분으로 태어나 그 어떤 선택의 여지도 없이 그 상황에 깊이 매몰되어 있지 않았다면, 당신의 자아를 위해 무엇을 선택하겠는가?'[7]라고 물었다. 또 '현재의 당신과 전혀 별개인, 전혀 다른 차원의 존재가 있다. 그 존재가 당신의 실제이고 진실이며 진짜 총합이자 실체'[8]라고도 했다. '진정한 자아는 당신의 절대적 핵심에서 발견되는 **당신**이며, 당신만이 가지고 있고 표현해야 하는 모든 강점과 가치'[9]라는 것이다. 다시 말해서 진정한 자아는 내면 깊숙이 묻혀 있는, 반드시 발굴해야 하는 대상이다.

　　이러한 믿음이 오늘날에도 여전히 널리 통용되고 있다는 것은 진정성을 추구하는 과정이 일종의 벗겨 내는 작업일 수도 있다는 뜻이다. 이는 진정성에 대한 배타적 접근으로, 더 확실하게 자기 자신이 되기 위해 자신이 아닌 것을 벗겨 내자는 의미다. 내면 깊숙이 파묻혀 있는 본질적 자아에 닿을 때까지 계속. 겹겹이 쌓인 환경과 외부 영향들을 벗겨 내면 당신의 정수를 만날 수 있다. 이것은 일종의 미니멀리즘으로 요약된다. 미니멀리즘은 선禪불교의 영향을 받은, 디자인과 예술의 한 장르다. 불교에서는 개별적 자아를 하나의 환상으로 보고, 선불교에서는 자아自我와 무아無我사이의 '중도'를 지키는 것을 깨달음에 이르는 길로 본다. 반면 서구의 미니멀리즘은 깔끔하고 힘들이지 않은 것처럼 보이고 종종 그 중심에 자아가 있다. 서구의 미니멀리즘은 엄청난 '노력trying'이나 '과정becoming' 없이 그저 '나 자신who I am'인 것이다.

미니멀리즘이 패션과 디자인 트렌드로 폭발적인 인기를 끌던 2010년대 중반, 나도 잠시 미니멀리즘의 매력에 빠진 적이 있었다. 먼저 옷을 네 벌만 남기고 모두 버렸다는 사람을 만났다. 그로부터 2년 뒤 어느 친구의 집을 방문했는데 그 집에 같이 살던 여자의 방을 들여다본 순간, 평온과 질서를 보았다. 여자의 방은 깨끗하다기보다는 어지르는 게 불가능했다. 성글게 옷이 걸려 있는 옷걸이 한 개와 맨바닥에 놓인 화분 하나 말고는 물건이 거의 없었다. 내가 침대까지 버리고 바닥에 매트리스를 깔았다는 점이 놀랍다고 했더니,—맥시멀리스트인 나에게 침대는 필수로 있어야 하는 물건이었다—자연스럽게 이 상태에 도달한 것이 아니라 삶의 변화를 위해 일부러 노력한 결과라고 했다. 매트리스 옆에는 책이 두 권 포개어져 있었고 그 위에 램프가 놓여 있었다. 말할 것도 없이 나도 나의 삶을 다 찢어발기고 다시 시작하고 싶었다.

그해 말에 많은 이가 그랬던 것처럼 나 역시 자기 정화 과정에 돌입했고, 곤도 마리에의 베스트셀러 《정리의 힘The Life-

Changing Magic of Tidying 》[10]을 구입했다. 바닥에 매트리스를 깔고 잘 생각은 없었지만 나 역시 그 책이 보장하는 것들을 원했다. 바로 내가 소유한 물건들을 통해 진짜 내 모습을 보길 바랐다. 내가 할 일은 물건을 차례로 집어 들고 그게 나를 '설레게sparks joy'[11] 하는지 물어본 다음, 자선 가게에 기부하거나 유튜브에서 그것을 정리하는 방법을 시청하는 것이었다. 마침내 명료해지는 듯했다. 그 작업이 은유하는 바는 창피할 정도로 명확했다. 나는 엉망진창인 삶과 혼란스러운 마음을 상상 속의 무인양품(MUJI) 상자에 깔끔하게 정리해서 차곡차곡 쌓아 놓고 싶었다. 어쨌건 곤도의 가르침은 확실히 나를 안심시키는 면이 있었다. 당신이 원하는 삶을 시각화하라. 내면의 목소리에 귀를 기울여라. 집을 정리해라. 그러면 비로소 진정한 삶이 시작될 것이다.

곤도의 가르침은 이 정화 과정을 통해 드러나게 될 자아가 이미 존재하지만 바닥에 널린 잡동사니에 가려져 있을 뿐이라는 개념을 내포하고 있었다. 그 가르침의 매력은 단순함이었다. 자기 자신이 되는 과업은 곤도가 제시하는 규칙을 따르기만 하면 해결된다. 당신은 그저 당신 자신이 되어서, 무엇이 당신에게 설렘을 주는지 판별하여 진정성을 회복하기만 하면 완벽한 자아상을 발견하고 이해할 수 있는

것이다. 바라건대, '정리 정돈'을 통해 물질세계에서 당신의
자아를 실현하면 물리적 존재로의 당신과 내적 존재로의
당신이 완벽한 조화를 이루게 된다. 트릴링은 《성실성과
진정성》에서, '나와 나의 자아가 조화를 이루어야 한다니,
이보다 더 조화로운 두 존재가 있었던가?'[12]라고 반문했다.

곤도 마리에 열풍과 유튜브에서 인기를 끌었던, 너무도
아름다워서 클릭하고 싶어지는 '스웨덴식 죽음의 청소'와
같은 정리의 달인들이 제안하는 대량 폐기법은 그 뒤로 좀
더 총체적인 개념으로 확대되었다. 자아의 청결 상태에 대한
문화적 명령은 항상 이런 식으로 표현되지는 않겠지만, 그
반대 개념인 '독성 toxicity'을 피해야 한다는 경고는 어디에서나
볼 수 있다. 사람들은 묻는다. '당신의 인간관계는 독이
되고 있는가?' '일에 대한 당신의 태도는 독이 되고 있는가?
당신의 우정은? 식습관은? 독이 되는 긍정주의로 고통받고
있진 않은가?' 여성지 〈스타일리스트〉는 2022년 7월 '당신
자신과의 관계가 독이 되고 있다는 여섯 가지 징후와
대처법'[13]을 소개하는 기사를 실었다. 독이 된다는 말이
의미하는 바는 심각하다. 오염되고 부패했으며 독성이 있다는
뜻이다. '그 남자 차 버려!!!!'는 어느 여성을 진실의 길로
인도하려는 선의의 소셜 미디어 이용자들의 외침이다. 하루

속히 삶에서 '독이 되는' 것들을 추방하고, 순수하고 신성하며
진정성 있는 것으로 돌아가야만 한단다.

　　마치 '쓸모'라는 것이 물건뿐 아니라 사람이나 행동에도
핵심 가치라는 듯이, '당신에게 더 이상 쓸모없는' 물건들,
사람들, 행동들을 삶에서 몰아내는 일은 매혹적이다.
그렇게 하면 본질적 자아의 핵심에 조금 더 다가서는 것
같기 때문이다. 어느 순간 우리는 어질러진 삶이 우리를
질식시킨다고 느낀다. 그래서 뭐라도 하려면, 그리고 불쾌한
기분이 드는 것을 멈추려면 '달인'의 도움이 필요하다고
믿기에 이른다. 종종 상황을 그렇게 만든 데 책임이 있는 바로
그 브랜드들이 그런 믿음을 조장한다. 어질러진 물건들을 전부
다 제거하기만 하면 우리 내면에 살고 있는 고요한 자아만이
남고, 그제서야 비로소 평화롭고 행복하게 삶을 항해할 수
있다고.

　　자본주의가 우리를 압도한다고 생각할 때 우리는 우리
자신의 감정과 행동에 대한 책임을 피할 수 있다. 가장 순수한
자아를 찾겠다는 일념이 바로 그러한 압력을 만든다는
사실을 많은 이가 놓치고 있는 듯하다. 그것이 '독이 되는'
인간관계이건, '번아웃'을 조장하는 문화이건, 당신 자신보다
덜 순수한 모든 것에 책임을 전가하는 태도는 믿을 것은 오직

개인뿐이라는 인식을 주입한다. 예를 들면, 밀레니얼 세대가 '어른이 되는 법'을 모른다고 말할 때, 누구도 그것이 본인의 잘못이라고, 전력량계 보는 법을 배우면 된다고 말해 주지 않는다. 우리는 개인의 잠재력을 억누르는 듯 보이는 사회 구조에 맞서는 개인을 그런 식으로 성역화한다.

자아를 건드리면 안 되는 고정된 실체로 여기는 사고방식에 우리가 끌리는 이유는 그러한 사고가 근본적으로 낙관적이기 때문이다. '진정한' 자아는 의심할 나위 없이 최고의 자아와 동의어이다. 겹겹이 쌓인 독성과 잡동사니들 속에 무엇이 숨겨져 있건 우리는 그것이 과거의 자아보다는 나을 것이라고 가정한다. 마찬가지로, 이미 '최고 버전'의 자아가 우리 내면에 있다면, 우리가 사실은 현재의 모습보다 나은 존재라고 믿을 수 있다. 슈퍼 자아를 이루는 요소들이 이미 우리 내면에 존재한다면, 우리는 그것을 발굴하기만 하면 된다. 그러면 지금까지 당신을 가로막고 있었던 온갖 장애물을 극복하기가 훨씬 수월해진다. 그렇게 마침내 최고의 자아를 만드는 데 성공했을 때 당신은 온전하고도 순수한 진정성을 창조해 내는 것이다.

뉴에이지의 잔잔한 분위기와 소셜 미디어에 팽배한 경직된 나르시시즘의 합체인 웰빙은 자기 자신이 되어야 한다는 진정성의 배타적 접근이 가장 선명하게 발현된 사례이다. 그 속에서 최고의 자아와 진정한 자아는 하나이고 같은 것이다. 2019년 〈애틀랜틱Atlantic〉의 저널리스트 아만다 멀이 말한 바와 같이, '기분이 나아질 때까지 물건을 사는 것'[14]으로 그 상태에 도달할 수 있다. 무엇보다도 웰빙은 잠재력을 실현하는 운동이다.

여기서 신체의 정화는 가장 훌륭하고 가장 진실한 당신이 되는 데 필수 요건으로 여겨진다. 신체의 '독성'을 제거한다는 점에서, 웰빙은 순수에 헌신하는 배타적 접근의 대표적 사례이다. 자아의 물리적 발현인 신체를 이용하여 내적 자아를 키우고 형성한다는 발상은 자아가 하나의 완전한 전체라는 개념을 전제로 한다. 외적 자아 혹은 진정한 자아를 방해하는 요인을 식단이나 운동, '아침 일과'와 생활 속의 선택들로 축소하면 자아를 찾는 길은 명확하고도 단순해진다. 웰빙은 호기심과 확신을 동시에 유발한다. 웰빙 용어를 빌려 표현하자면, 당신이 목표로 하는 자아가 누구인지 혹은 무엇인지 몰라도 당신은 그 과정을 신뢰해야 하고 '웰빙'을 위해 엄격한 원칙에 따라 선택과 희생을 해야만 한다.

마찬가지로 웰빙 속에는 삶의 의미를 찾고자 하는 진정성 있는 노력과 소비주의에 대한 다소 허무주의적 신뢰 사이의 긴장이 존재한다. 2010년대 후반 웰빙 문화는 주류 문화로서의 매력을 잃었다. 웰빙이 내적 평화라기보다는 스무디 볼에 관한 걱정처럼 보이고, 흐름을 거스른다기보다는 흐름을 따르는 것처럼 느껴지고, 기적이라기보다는 일종의 사기처럼 느껴지기 시작했기 때문이다. 귀네스 팰트로의 웰빙 브랜드 구프Goop는 2018년 질 삽입용으로 제작된 달걀 모양의 옥 제품에 대한 '근거 없는' 주장으로 인해 14만 5000달러(약 2억 원)의 벌금형을 선고받았다. 구프는 개당 66달러(약 9만 원)에 편리한 보관용 주머니와 함께 제공되는 이 제품이 '호르몬 균형을 맞추어 주고 생리 주기를 조절하며 자궁 탈출증을 예방하고 방광 조절 능력을 향상시킨다'[15]고 주장했다. 법원은 구프가 벌금을 내야 하는 것은 물론이고, 제품을 구매한 고객에게 배상해야 하며 향후 신뢰할 만한 과학적 근거 없이 제품의 효능을 주장해서는 안 된다고 판결했다. 더 충격적인 사례는 2017년 호주의 인스타그래머 벨 깁슨이 깨끗한 식습관을 통해 말기 뇌암을 치료했다고 주장했다가 호주 정부로부터 41만 호주달러(약 3억 7400만

원)의 벌금형을 선고받은 사건이었다. 2013년 6개월째 항암 치료를 받고 있던 림프종 환자 카일리는 2021년 BBC와의 인터뷰에서 자신이 깁슨의 식이요법에 매료되어 항암 치료를 포기했는데, 그 이유는 자신은 '치료를 받을 때마다 병세가 악화되어 안에서 죽어가고 있었던 반면 깁슨은 저 밖에서 최고의 삶을 누리고 있었기 때문'[16]이라고 말했다. 그런데 알고 보니 깁슨은 애초에 암 진단을 받은 적이 없었다. 우리의 가장 훌륭하고 가장 진실한 자아를 끌어내 주기 위해 설계되었다는 라이프 스타일은 알고 보니 더 많은 규칙과 더 많은 제약을 설정하는 것에 불과했다. 그리고 때로는 그 과정에서 거짓말까지 동원되었다.

정화, 영성spirituality, 신체 최적화, 자본주의 그리고 물론 진정성까지, 웰빙 문화의 핵심 가치들은 럭셔리 스피닝 수업에서 한데 어우러진다. 2000년대 후반, 뉴욕의 스튜디오 소울 사이클에서 인기를 끌기 시작한 스피닝 수업은 강력한 심혈관 운동인 동시에 정서적, 육체적으로 정화되는 느낌을 주는 의식적이고도 원초적인 광기로 볼 수 있다. 바쁘게 돌아가는 고물가 도시에서 이 수업이 꾸준히 인기를 끄는 이유는 운동선수 같은 이상적인 몸매를 만드는 데 도움이 되어서만은 아니다. 이 수업은 그 이상을 제공한다. 바로,

거의 컬트적인 수준의 공동체 의식 그리고 자아와 연결된다는 희망이다.

스피닝은 육체적 체험은 물론이고 정신적 체험까지 할 수 있도록 설계되었다. 귀가 먹먹해지는 음악의 강한 비트에 맞추어 자전거의 페달을 밟는 동안, 강사는 '내려놓으세요', '당신이 오늘 왜 이곳에 왔는지 자신에게 물어보세요', '앞으로 45분은 오직 당신 자신만을 위한 시간입니다' 와 같은 긍정적인 주문을 반복해서 말한다. 당신은 열정적으로 페달을 밟으면서 더 나은 사람이 되고, 더 나은 기분을 느끼고, 자신에게 진실할 수 있을 거라 믿게 된다.

이 과정에도 역시 긍정성이 포함되어 있다. 크로스핏 같은 다른 유형의 컬트적 고강도 운동과는 달리 영적 운동인 스피닝은 극단의 불편함으로 자신을 몰아붙이는 일이 거의 없다. 그보다는 일종의 확증 편향을 통해 발전을 독려한다. 우리는 이미 충분히 잘하고 있다. 우리가 되고자 하는 사람은 이미 우리 안에 있다. 우리는 우리 자신의 진정한 한계 내에서 운동할 뿐이다. 설령 강사가 강도를 높이라고 주문하더라도, 자신을 희생시켜서는 안 된다. 어쩌면 당신은 강도를 높이고 싶지 않은 사람일 수도 있다. '블랙아웃 트랙'에서 모든 조명이 꺼지고 수업이 프리 스타일로 접어들면, 당신의 몸에 무엇이 필요한지 알려주는 내면의 목소리에 귀를 기울인다. 누구도 당신을 볼 수 없다. 따라서 사람들의 평가에 대한 두려움도 없으므로, 휴식을 취하건 운동을 하건 당신에게는 자신의 진정한 본능을 따를 자유가 주어진다. 암전 트랙은 참가자들이 수업을 마치고 나올 때 어떤 기분이 들건, 그것이 그들 자신의 진정성 있는 선택에 따른 결과라는 확신이 들 정도의 주체성을 부여한다. 다시 말해서 수업 참가자들은 조금 더 그들 자신이 되는 것이다.

그런 경험이 고가임은 말할 것도 없다. 런던에서 이 수업에 참여하려면 회당 약 25파운드(약 4만 4000원)를 내야 한다. 럭셔리 스피닝이 지닌 배타성 역시 하나의 매력으로 작용한다. 푹신한 타월과 무료 컨디셔너가 제공되어 당신의 영적 각성을 돕는다. 이 또한 깨끗하고 맑은 자아의 순수성은 부자들의 전유물이라는 인식을 조장한다. 이러한 현상은 웰빙 문화 전반에 걸쳐 나타나며 악순환을 유발한다는 점에서 고질적이다. 결과적으로, 진정성 있게 자기 자신과 연결된 사람들 그리고 돈이 있는 사람들 간의 긍정적인 상관관계가 형성된다. 부와 자아실현은 이렇게 동의어가 된다. 투박하고 결함이 있는 것이라는 진정성의 의미와 정면으로 대치되는 개념인데도.

이렇듯 부유하고 번지르르한 이미지는 결국 웰빙의 몰락을 자초했다. 진정성에 대한 배타적 접근은 우리에게 단순하고 혼란 없는 삶을 약속한다는 점에서 매력적이지만, 하나 이상의 측면에서 배타적이다. 자아의 정화를 목표로 하는 일이 어떻게 그토록 부패하고 엘리트주의적이며 사기일 수 있을까? 다른 방식은 없을까?

❋

2010년대 말 엘리트 중심의 배타적 접근이 한계에 달하자 다른 길이 보이는 듯했다. 바로 포괄적 접근이었다. 자기 자신이 되기 위해 호화로운 스튜디오에서 운동할 필요도 없었고 식단을 바꿀 필요도 없었으며 옷장을 최소한으로 유지할 필요도 없었다. 새로운 접근은 그런 것들 대신 수용과 충동성을 독려했다. 우리가 배타적 접근에서 줄이고 연마하고 완벽을 추구한다면, 포괄적 접근에서 우리는 성장하고 축적하고 수용한다. 배타적 접근에서는 내가 아닌 것을 제거해서 진정한 자아를 찾지만, 포용적 접근에서는 나인 것을 더하여 자아를 만들어 간다. 배타적 접근에서는 정리하지만, 포괄적 접근에서는 어지른다.

포괄적 접근은 자아를 보는 새로운 시각을 제시한다. 이 시각에서 자아는 발견해야 할 확정된 대상이 아니다. 자아는 만들어 가고 축적해 가는 것이다. 포괄적 접근은 혼돈을 포용하고 그 어떤 억압이나 저항 없이 자신에게 일어나는 일을 받아들임으로써 진정성 있는 자아를 실현한다. 진정성 있는 자아는 궁극의 진정성에 도달하는 것으로 실현되지 않고 삶을 살아가는 과정에서 서서히 나타난다. 배타적 접근이 여러 겹으로 쌓인 사회적 조건화를 걷어 내어 내적 자아를 드러내는 것으로 본다면, 전부를 아우르는 포괄적 접근은 우리의 자아가 외적 영향을 무시하거나 혹은 그것을 진정성 있는 자아의 일부로 포용하는 식으로, 능동적으로 돌파하기를 권한다.

스펙트럼의 이쪽 끝에서 혼돈은 숭배 대상이다. 소셜 미디어에서 이것은 일종의 '반미학적anti-aesthetic' 미학으로 표출될 수 있다. 2022년 2월 〈바이스〉에 기고한 글에서 데이지 존스는 인스타그램이 '안락하고 고급스러운 호텔 방 또는 펼쳐진 책 옆에 놓인 완벽한 라테 아트(배타적 접근) 같은 것들에서, 무작위의 자동차 번호판, 플래시를 켜고 찍은 패스트푸드 그리고 … 도로에서 깔려 죽은 비둘기(포괄적 접근) 같은 것들로 진화했다'[17]고 썼다. 혼란을 즐기거나 존중하는 태도는 최상의 상태에 강박적으로 집착하는 이전의 진정성 개념에 대한 반발이었다. 진정성에 대한 인터넷 시대의 포괄적인 접근은 더 나은 것을 추구하기보다는 현재 상태를 받아들이고자 하는―그리고 기록하고자 하는―집요한 노력을 보여 준다. 2022년 1월 〈가디언〉은 새해 결심에 반대한다는 내용의 기사를 실었는데, '지능적이고 의도적으로 더 게으르게, 그리고 덜 신경 쓰고 어지르고 더 느리게 살면서 약간의 자기 연민을 갖는다면 더 성공적이고 생산적이며 행복해질 수 있을 것'이라 하고 그 뒤에 '단, 우리 자신의 방식으로'[18] 라는 결정적인 말을 덧붙였다.

이 접근은 배타적 접근보다 덜 역설적으로 보이지만, 모순은 여전히 존재한다. 어질러진 상태에 대한 집착에도 또 다른 양상의 유연성 부족이 수반되는데, 이것은 현재 상태를 거부하는 힙스터들의 완고함의 잔재라고 볼 수 있다. 게다가 포용적 접근 또한 주체성 상실의 위험이 따른다. 배타적 접근에서 당신의 본질을 오염시킬 수도 있는 것으로 여기는 외부의 영향을, 포용적 접근에서는 자아의 범위로 흡수해야 하기 때문이다. 포용적 접근은 출처를 알 수 없는 충동에 굴복한다. 그 충동은 당신의 영혼 깊은 곳에서 시작된 것일 수도 있고, 얼마 전 당신이 온라인에서 보았던 광고성 콘텐츠에서 시작된 것일 수도 있다. 그걸 누가 알겠는가? 그리고 아무려면 어떤가? 외부 영향의 전 범위를 포용함으로써, 당신은 현실 속에서 입지를 굳히는 것이다.

'자기 돌봄self-care'을 중시하는 문화 속에서 이러한 모순은 더욱 극명해지고, 이러한 방식으로 진정성을 추구하는 행로가 매력적으로 보이는 이유 또한 분명해진다. '자기 돌봄'이라는 말이 2010년대 중반부터 온라인에서 화제가 된 이후 이 말의 기원이 광범위하게 논의되었다. '자기 돌봄'은 인권 운동과 여성 운동을 통해 대중화된 용어인데, 의료 제도의 구조적인 문제로 인해 의료인들이 소외 계층의 요구를 제대로 돌보지 못한다는 인식이 퍼졌기 때문이었다. 자기 돌봄은 억압적인 시스템으로부터 신체의 주권을 회복하는 것을 의미했고, 여기서 '자기self'는 돌봄 유형이라기보다는 돌봄 행위의 주체를 뜻하는 말이었다. 훗날 운동가들이 자기 돌봄을 번아웃을 피하기 위한 전략으로 사용하면서 이 말은 조금 다른 의미를 지니게 되었다. 바로, 다른 사람들에게 헌신하기 전에 자신의 욕구를 먼저 돌보라는 의미가 된 것이다.[19]

현대 사회를 구성하는 주류 문화의 맥락에서 볼 때, 자기 돌봄은 굴복을 합리화하기 위한 모호한 만능 평계로 악용되기 쉽다. 물건 구매를 포함한 자신의 욕망에 굴복하는 것일 수도 있고, 굴복하기 전에는 욕망조차 없었지만 단지 물건을 사는 행위 자체에 굴복하는 것일 수도 있다. 자기 돌봄은 자기와 관련된 것이면 무엇이든 아우르고, '돌봄care'은 보다 자유로운 해석이 가능하다. 자기 돌봄은 일찍 일어나는 것일 수도 있고 늦게 자는 것일 수도 있다. 머리를 자르는 것일 수도 있고 술에 만취하는 것일 수도 있고 숙취에서 깨어나는 것일 수도 있다. 시트를 교체하는 것일 수도 있고 내키지 않을 때 사람들을 만나는 것일 수도 있고 내켜서 사람들을 만나는 것일 수도 있고 집에 있고 싶을 때 혹은 집에 있고 싶지 않을 때 집에 있는 것일 수도 있다. 그것은 본질적으로는 당신이 원하는 것 혹은 원하지 않는 것이고, 원하는 것이 곧 필요한 것인지에 관한 당신의 직관을 얼마나 신뢰하느냐에 따라 달라진다. 이것이 소셜 미디어가 만들어 온 자기 돌봄의 프레임이라는 사실이야말로 자기 돌봄의 엄청난 아이러니이다.

　　1979년 미국의 뉴스쇼 〈60분60Minutes〉의 기자 댄 레더는 캘리포니아에서 시작된 새로운 운동이었던 웰빙을 '자기 돌봄'이라고 불리는 것들의 완결판'[20]이라고 설명했다. 1979년도에 그랬던 것처럼 자기 돌봄을 액면 그대로 받아들인다면 그의 설명은 이치에 맞다. 그러나 오늘날 자기 돌봄과 웰빙은 충돌한다. 자기 돌봄은 포용적이지만 웰빙은

배타적이다. 그렇다고 해서 자기 돌봄이 진정성을 추구하고자
하는 우리의 욕망을 조금이라도 수월하게 하는 것도 아니다.
자기 돌봄은 진정성이라는 목표를 흐릿하게 만든다. 여기에
더해 내적 갈등 또한 유발하는데, 오직 내적 자아의 변덕에만
의존하기 때문이다. 본능에 따르는 것이 자기 돌봄인가?
아니면 본능에 저항하는 것이 자기 돌봄인가?

　　자기 돌봄이 진정성과 동의어가 되었다는 것은 마케팅
키워드로 쓰일 수 있다는 뜻이다. 광고인들은 사람들이
자기 자신이 되는 것에 관한 지침을 간절히 원한다는 것을
알고 있다. 여기서 말하는 지침이란, '당신은 이 제품을 사야
한다, 왜냐하면 이 제품은 유독 당신을 당신 자신이 되게
해줄 테니까'와 같은 식이 아니다. 그것은 '당신이 아주
조금이라도 이 제품을 사고 싶다면, 사야 한다. 왜냐하면 이
제품을 사는 행위는 곧 당신이 가진 진정한 욕망의 진정성
있는 표출이니까'라는 식으로 표현된다. 그 제품이 향초이건,
초콜릿 브라우니이건 상관없다. 제품을 사는 것에 '자기
돌봄'의 프레임을 씌우면 구매 과정 자체가 소비자에게
진정성 있는 행위로 느껴진다. 배타적 접근에서의 진정성이
절제에서 나오는 것이라면 포용적 접근에서 진정성은
굴복에서 나오는 것이기 때문이다.

메간 놀란은 연인 관계에서의 자아 손상을 다룬 2021년 소설《절망의 행위들 Acts of desperation 》[21]에서 이러한 굴복의 개념을 탐구한다. 소설의 서술자는 고정된 자아라는 개념이 거의 없고(이름조차 없어서 서술자와 독자 사이의 경계가 모호하다), 마음 가는 대로 행동할 수 있는 능력에서 위안을 얻는다. 그리고 그런 행위 자체에서 정체성과 비슷한 무언가를 찾는다. 그가 친구에 대해 쓴 글이다.

> 때로 나는 리사 같은 사람, 자신에 대한 통제를 절대 잃지 않는 사람, 뭐든 과하게 하지 않는 사람, 새벽 한 시 이후에는 절대 깨어 있지 않는 사람을 경멸스럽게 떠올리곤 했다. 나는 나의 자유로운 본성으로 여겨지는 것들을, 원하는 것은 뭐든 기꺼이 할 수 있음을, 매 순간 나에게 손짓하는 본능적인 육체적 욕구에 끌릴 수 있는 능력을 중시했다. 자기 자신의 삶을 살기엔 너무 소심해서 안전하게 사는 그들보다 나의 존재 방식이 더 진실한 것 아닐까?[22]

소설의 서술자가 사는 모습이 어딘가 정직하고 꾸밈없다는 사실에 우리는 본능적으로 동의한다. 서술자는 충동에 따라 산다. 온갖 종류의 격한 감정에 휩싸이고, 술을 마시고 싶은 욕구, 하룻밤 만남의 욕구에 굴복한다. 그러나 우리는 그 선택들이 서술자를 정체성의 위기로 내몰고, 그 구멍들이 서술자의 삶을 무너지기 쉽게 만드는 장면 또한 지켜본다. 리사의 합리적인 삶보다 서술자의 삶이 본능에 더 충실해 보이지만 그의 삶에는 진정성도 본질도 없다. 서술자의 정체성은 혼란스럽고 유동적인 라이프 스타일과 뒤엉킨다. 자신에게 진실하기 위한 서술자의 모든 노력은 충동에 굴복하는 악순환을 고착한다.

전부를 아우르는 접근은 진정한 자아가 오직 내면에서 시작된다는 개념과 상충하는 것처럼 보이지만, 사실 이 접근은 낭만주의의 관점과 놀라울 정도로 유사하다. 외부의 사람이나 사물에 휘둘리는 것을 자신에게 허용하면 내면의 '순수한' 자아가 혼탁해진다. 그러나 그러면서도 한편으로는 오직 진실일 수밖에 없는 자아를 창조하고 구축하는 것이다. 자아는 그러한 외부의 영향과 경험 그 자체이며, 그것들이 축적되면서 서서히 만들어진다. 《절망의 행위들》의 서술자는 소설 속에 존재함으로써 세상과의 그리고 독자와의 경계 없이 이러한 자아 인식을 축적해 가는 것처럼 보인다. 반면 서술자의 남자친구 키아런은 차갑고 딱딱한 모서리를 가진 사람으로, 그 모서리로 우리의 여린 주인공을 찌른다. 키아런은 '자신의 주변에서 아무것도 구하지 않았다. 딱히 행복해 보이진 않았지만, 너무도 온전해 보였다.[23] 마치 그의 세계가 그의 안에 있는 것처럼'. 여기서 우리는 묻는다. 둘 중 누가 더 진정성 있는가?

우리는 지난 10년간 대중문화 속에서 "허당 여주인공messy heroine"의 탄생을 보았고 그들에 관한 글도 읽었다. 허당 여주인공은 포용적 접근을 택했다고 보아도 무방하다. 허당 여주인공은 아름답게 혼란스럽고 교묘하게 친근하다. 자유분방한 섹스를 즐기고 음료를 쏟는다. 아이라이너는 툭하면 번진다. 무엇보다도 그들에게는 진정성이 있다. 그들은 〈걸스〉, 피비 월러브리지의 〈플리백Fleabag〉[24], 미카엘라 코엘의 〈아이 메이 디스트로이 유I May Destroy You〉[25]와 같은 드라마를 통해 인기를 끈다. 왜냐하면 그들이야말로 우리가 스크린에서 보아 왔던 환상적인 로맨틱 코미디의 여주인공에 대한 해독제이기 때문이다.

그러나 허당끼를 제외하면, 허당 여주인공의 서사는 허당이 아닌 여주인공의 서사와 상당히 흡사하다. 대중문화는 어느 영웅이 사회적으로 높은 지위에 오르거나 위험한 임무를 완수하며 정점을 찍는 서사에서 벗어난 지 오래다. 현대판 영웅의 여정은 단지 자신의 진실을 찾고 그 진실에 따라 사는 것이다. 그 영웅이 여성일 때는 더더욱. 종종 동화의 서사가 바탕이 된 로맨틱 코미디에서는 약자인 여주인공이 온갖 역경을 이겨내고 마지막에 세상으로부터 제대로 인정받는다. 여성의 애인은 자신의 자아를 감추지만, 결국에는 여성이 그의 자아를 드러내 준다(동화《미녀와 야수》를 떠올려 보기를).

물론 대부분의 로맨틱 코미디 여주인공은 진정한 의미에서 약자는 아니다. 다른 부분은 제쳐두더라도, 그들은 언제나 아름답다. 비록 초반에 어떤 식으로든 미모를 감추고 있지만 말이다(〈프린세스 다이어리〉[26] 나 〈악마는 프라다를 입는다The Devil Wears Prada 〉[27]에서 뚜렷하게 나타난다). 1990년대와 2000년대 수많은 로맨틱 코미디에서 일어났던 괴짜에서 미녀로의 변신은 진정한 자아와 아름다움을 통합하는 하나의 방식이다. 배타적 접근에서와 마찬가지로 여주인공의 자아실현을 자아 최적화와 동일시하는 것이다. 마침내 여주인공이 안정을 찾고 자신의 진정성에 따라 살게 만드는 결말은 종종 남자와의 안정적인 연애에 헌신함으로써 이루어진다.

제인 오스틴의 캐릭터 중 정서적 불감증인 미스터

다아시는 〈브리짓 존스의 일기 Bridget Jones's Diary〉의 마크 다아시를 비롯하여 여성들이 마음을 녹인 수많은 차가운 남성 캐릭터에 영감을 주었다. 그러나 제인 오스틴의 여주인공들에게는 남다른 측면이 있었다. 그들은 자아에 관한 질문을 외면하지 않았고 남성에게 무기력하게 의존하지 않았다. 트릴링은 오스틴의 여성 주인공들은 '행복하고 … 번창하는 결혼 생활, 그리고 운이 따라 주었던 집안의 풍족함과 예의범절에 깃든 질서, 평화, 명예, 아름다움의 삶을 열망'[28]한다고 썼지만, 오스틴의 캐릭터에도 허당인 측면이 존재한다. 오스틴은 개인의 진정성 개념이 부상하기 시작했던 시기에 소설을 썼다. 오스틴이 만든 캐릭터들의 내면에서 일어나는 사회와 자아의 힘겨루기를, 버티기와 굴복을 우리는 느낄 수 있다.

클레어 토말린은 《제인 오스틴: 어 라이프 Jane Austen: A Life》에서, 오스틴은 《이성과 감성 Sense and Sensibility》[29]의 등장인물인 감정에 충실한 메리앤와 그 정반대 성격인 언니 엘리너를 통해 '사회가 개방성을 어디까지 용인할 수 있는지 그리고 그것이 개인에게 어떤 영향을 미치는지'[30]를 다루었다고 썼다. 자신의 감정을 투명하게 드러내는 메리앤에게 외부의 영향은 당연히 혼란을 일으킨다. 연애사는 제쳐두고라도, 소설 초반부에 메리앤은 충동적으로 무턱대고 시골길을 걷다 미끄러져 발목을 삐어 병이 난다. 그리고 그 사건을 계기로 부적절한 상대인 윌러비 씨와 사랑에 빠진다. 반면 엘리너는 '예의상 어쩔 수 없을 때는 거짓말을 해야 한다'[31]고 믿고 자신의 '진실'보다는 사회적 관습을 우선시한다.

툭하면 말썽을 피우는 허당 여주인공이 여느 여주인공보다 더 진정성 있다고 말할 수는 없다. 그러나 잠재적 위험 요소에 덜 휘둘리기 때문에 어떤 대가를 치르더라도 자신의 진정성을 추구할 확률이 높은 것은 사실이다. 그런 여성들이 스크린을 점령한 덕분에 진정성에 대한 포용적 접근은 더욱 절실해졌다. 놀라울 정도로 불완전하면서도 자신의 진실에 따라 살아가는 그들을 보며, 어쩌면 우리도 우리 자신의 진실에 맞게 살기 위해, 해결되지 않은 문제와 잘못된 결정으로 가득 찬 삶을 열망해야 하는 것은 아닌지 고민하게 된다. **혹시 충분히 실수를 저지르지 않는 것이 나의 실수는 아닐까?** 또한 우리는 문득 궁금해진다. 만약 그렇다면, 실수에는 진정성이 있는가?

물론 시련과 통제 불능의 상황은 TV 드라마에 필요한

강렬한 감정을 불러일으킨다. 우리는 이런 강렬한 감정을
문화적 환상 속에 남겨 두지 않고 직접 느낄 수 있기를 바란다.
그 또한 진정성을 뜻하고, 우리가 진정으로 살아있음을 뜻하기
때문이다. 그러나《절망의 행위들》에서 볼 수 있듯이 전부를
아우르는 접근에도 나름의 규칙은 있다. 서술자의 이성적인
친구 리사가 그 자신의 진정성 있는 욕망에 따라 사는지는
서술자에게 중요하지 않다. 리사의 라이프 스타일은 절제되고
정돈되어 있어서 무언가에 얽매인 것처럼 보인다. 리사는
어쩐지 순수하지 않은 것 같다.

배타적 접근과 포용적 접근은 각각 규율과 해방의
보루처럼 보일 수 있다. 배타적인 접근은 순수에 도달하기
위해 지키고 살아야 할 일련의 규칙들을 제공하는 반면,
포용적 접근은 완전한 자유를 통해 순수를 추구한다. 그러나
두 접근을 통해 우리는 규율과 해방이 서로 얼마나 깊이 얽혀
있는지 알게 된다. 언제나 마음 내키는 대로 행동하는 것은
해방 같지만 오히려 덫이 될 수도 있다. 선택의 폭이 너무
넓어지면 스스로 규칙을 만들어야 하기 때문이다.

귀논은 '예술적으로 자아를 창조하는 작업에는 자기
성찰이 아니라 성찰 없이 삶에 몰입하는 것이 필요하다.
느끼고 행동하는 전체로서 자아의 온전한 참여가

필요하다'[32]라고 말한다. 다시 말해서, 우리 자신이 되는
데에만 너무 골몰하다 보면 정작 우리 자신으로 사는 경험을
놓칠 수 있다는 뜻이다.

6

고백

CONFESSION

프랑스 철학자 미셸 푸코는 서구의 성性에 관한 네 권의
연구서 중 첫 번째 저서 《지식의 의지 The Will of Knowledge 》[1]에서
고백의 역사와 과정을 명쾌하게 썼다. 그는 로마 가톨릭교회
덕분에, 고백(가톨릭교회에서의 고해 성사)이 인간의 성에
관한 '진실'을 수면 위로 드러내는 중요한 수단이 되었다고
했다. '고백의 의무는 이제 너무도 다양한 경로로 전달되고
우리 안에 너무도 깊이 뿌리내리고 있어서 우리는 고백을 더
이상 우리를 구속하는 권력의 여파로 인식하지 않는다'면서,
'오히려 우리의 가장 은밀한 내면에 박혀 있던 진실이 드러내
줄 것을 "요구하는" 것으로 보는 듯하다'라고 썼다. 그래서
'그렇게 하지 못할 경우, 오히려 어떤 구속이 있는 것으로,
권력이 폭력적으로 그것을 짓누르고 있는 것으로'[2]으로

여긴다고 썼다. 1976년의 글에서 푸코는 우리 사회가 오랫동안 성에 집착해 왔다고 주장했다. 성을 분류하고 해부하며 성에 관한 규칙을 만들고, 무엇보다도 성에 관해 이야기하는 것에 집착해 왔다는 것이다. 그러나 성 이야기에 대한 집착은 이제 분명히 정점에 달했다. 푸코가 지적했던 성의 분출로 인해 이제 성은 어디에나 있고 신비감이 없다. 푸코가 살아 있었다면(그는 1984년도에 사망했다) 미투 폭로 이후 성과 성적 착취의 구조에 관해서도 견해를 내놓았을 것이다. 성소수자 운동, 여성의 성적 해방, 소셜 미디어, 온라인 포르노 등으로 인해 성의 위력은, 심지어 폭로의 위력조차도 50년 전보다 현저히 줄었다.

　　그러나 크게 보았을 때 고백에 대한 푸코의 주장은 여전히 유효하다. 우리 사회는 말하는 것에, 환히 빛나는 깨달음의 순간을 위해 자아 깊숙한 곳을 파헤치는 것에 갈수록 집착한다. 우리는 속을 완전히 까발려 사람들이 우리의 내면과 외면을 검사하고 비교해 보게 한다. 과거에 고백이 죄에 관한(더 나아가서는 성에 관한) 진실을 드러내는 수단이었다면, 이제 고백은 진정성 창출의 일반적이고 총체적인 수단이 되었다. 푸코는 문학이 '자아 깊은 곳 그리고 단어들 사이에서의 무한 추출 작업에 의해 정렬되는 것이며,

고백의 형식을 취한 진실이 마치 신기루처럼 아른거린다'[3]고
했다. 이것은 소셜 미디어에도 적용되는데, 소셜 미디어의
추출 작업은 실제 삶과 병행으로 이루어지기 때문에
결코 끝날 수가 없다. 진정성 있는 자아는 우리가 그것을
말로 표현함으로써 발견될 뿐 아니라 실현된다. 고해실
한편에서—현대 사회에서는 상담 치료사의 소파 혹은 사이버
공간에서 허우적거릴 때—이루어지는 삭제와 검열 행위는
은밀한 내적 자아를 어떻게든 물질계로 끌어내고 만다.

그렇다고 해서 성에 관한 이야기가 개방의 신호로서의
기능을 상실했다고 말하는 것은 아니다. 성에 관한 진실에는,
그 날것 그대로의 진실에는 여전히 짜릿함이 있다. 그러나
문화 전반에 걸쳐 어디에서나 나타난다는 것은 성에
관한 이야기만으로 한 사람의 내면을 완전히 드러내기는
어렵다는 뜻이다. 피비 월러브릿지의 여성 1인극이자 TV
시리즈 〈플리백〉에서는 동명의 주인공이 전형적인 '허당
여주인공'으로 등장하는데, 성적 고백이 어떻게 진실을
은폐함과 동시에 드러내는 수단으로 이용될 수 있는지를 보여

준다. 플리백은 자신의 가장 은밀한 성적 순간들을 공유할 뿐만 아니라, 때로는 성행위 중에도 제4의 벽*을 허물며 우리에게 직접 말한다. 그러나 그렇게 개방적인 플리백에게도 우리에게조차 인정하지 않는 엄청난 비밀이 있다. 우리는 플리백의 마음이나 화면에 불쑥 떠오르는 단편적인 회상 장면들을 통해 플리백의 비밀을 알아서 조합해야 한다. 그것이 드라마에서 그가 유일하게 비자발적으로 보여 주는 장면들이다. 상담 중에 플리백은 '나는 성인의 삶 대부분의 시간 동안 텅 빈 마음의 공허한 절규에서 벗어나기 위해 섹스를 이용했다'[4]고 말한다. 이때 특이하게도 플리백은 카메라를 응시하며 한쪽 눈썹을 치켜올리고는 '나 이거 잘하네'라고 말한다. 어느 한 영역의 진정성으로 다른 영역의 진정성 부족을 만회하는 것이다.[5] 캐릭터의 내면세계에서도, 드라마의 틀 안에서도.

〈플리백〉은 통제에 관한 드라마다. 푸코가 말했던 것처럼 고백 자체도 결국은 통제의 문제다. 푸코는 '고백은 … 권력 관계 속에서 일어나는 하나의 의식'이라고 하며, '상대(혹은 가상의 상대) 없이는 고백이 이루어지지 않기 때문이다. 고백의

• 무대와 관객 사이를 가르는 보이지 않는 수직면

상대는 단순한 대화 상대가 아니다. 그는 고백을 요구하고 고백에 대한 처방과 평가를 내리며 심판, 처벌, 용서, 위로, 그리고 화해를 중재하는 권력자'[6]라고 했다. 이런 관점에서 본다면 〈플리백〉이라는 드라마가 파격적인 형식을 취한 목적이 사뭇 분명해진다. 시청자인 우리는 표면적으로는 플리백이 카메라를 향해 하는 고백의 대상이지만, 플리백은 농담을 던지고 우리와 친구가 됨으로써 우리의 이해를 통제한다. 플리백의 솔직한 시인은 종종 너무도 공감 가는 것들이라 권력의 추는 우리가 아닌 그에게 기운다. 플리백은 자신의 취약성을 드러낸다기보다는 우리 자신의 취약성을 드러내도록 유도한다. 그는 이런 상황이 아니었다면 드러나지 않았을 수도 있었던 우리 자신의 무언가를 그런 식으로 은연중에 폭로한다. 우리 자신에게조차 명확하게 설명할 수 없었던 진실을 느닷없이 마주하는 순간, 고백하는 사람은 마치 우리 자신인 것처럼 느껴진다. 그리고 카메라 렌즈를 똑바로 보는 플리백은 이를 중재하는 권력자가 된다.

권력에의 굴복이 고백의 범위를 결정한다면, 적어도 시즌1이 끝날 때까지 플리백은 그리 많은 고백을 하지 않는다. 그렇다면 충족되지 않은 성적 욕망, 가톨릭 신부, 고해실의 결합이 마침내 시즌2 중반에 플리백의 진정성 있는 진실을 끌어낸 것은 당연한 귀결이다. 플리백의 친구인 가톨릭 신부는 플리백에게 독특한 권력을 행사하지만, 신부는 플리백과 섹스를 할 수 없고 앞으로도 하지 않을 것이다. 그의 절제에 플리백은 좌절한다. 플리백이 필사적으로 그와 자고 싶어 하기 때문이기도 하고, 그가 플리백에게 섹스를 멀리하라고 강요함으로써 비록 육체적인 것에 한해서일지라도 플리백이 통제할 수 있는 삶의(그리고 드라마의) 서사를 그가 배제하기 때문이기도 하다. 플리백을 깊이 이해하고 있음을 강조하려는 듯, 신부는 플리백이 늘 드라마 캐릭터들의 세계 속에 온전히 존재하지 않는다는 사실을 간파한 유일한 인물이다. 플리백이 카메라를 보며 우리에게 말할 때, 신부는 그 자신도 렌즈를 보며 플리백이 어디 갔는지 묻는다. 셰익스피어식 독백으로 한 시즌 반 정도가 지나가고 시청자들이 플리백의 침실까지 들어선 뒤에야 마침내 경계를 푼 플리백이 자신의 취약함을 드러내며 고백하는 장소는 바로 고해실이다. 플리백은 카메라로부터 단호하게 고개를 돌린다. 신부는 플리백에게 '죄'를 고백하라고 설득한다. 비록 우리는 회상 장면을 통해 이미 플리백의 여러 가지 죄를 목격했지만, 플리백은 마침내 굴복하며 그의 요구에 응한다.

*

푸코는 고백이 '행위 당사자에게 본질적인 변화를
일으켜 죄를 사하고, 죄로부터 구원하며, 정화한다'라고 썼다.
마치 물건이나 독소의 정화 의식처럼 '고백은 인간의 잘못을
덜어 주고, 자유롭게 하고, 구원을 약속'[7]하는 것이다. 고백은
죄악의 길에서 벗어나 경건한 길로 들어서는 데 필요한
정보를 제공한다. 가톨릭교회에서는 고해 성사만으로도
면죄부를 받기도 하는데, 이는 하느님 앞에 기꺼이 자신을
드러내는 것이 그 자체만으로도 정직함과 믿음을 상징하기
때문이다.

고백은 여전히 '교정'의 기능을 수행하지만 '올바른' 길의
정의는 과거보다 명료하지 않다. 올바른 행동 지침을 제공하던
종교의 권위가 쇠퇴하면서, 찰스 테일러가《진정성의
윤리》에서 말한 것처럼, 진정성이 우리의 '도덕적 이상'이
되었다. 진정성은 '더 나은 혹은 더 높은 삶의 초상'이며,
여기서 "더 나은" 혹은 "더 높은" 삶은 우리가 열망하거나
필요로 하는 것에 의해 정의되지 않고 우리가 열망해야 하는
것들에 관한 기준을 제시한다.[8] 진정성이 있는 것과 진정성이
없는 것, 자신의 진실에 따라 사는 것과 그렇지 않은 것,
행복한 것과 행복하지 않은 것이 곧 옳은 것과 그른 것의

동의어이다. 따라서 현대 사회에서 고백은 우리를 하느님에게 맞추는 것이 아닌 우리 자신의 내적 자아에 맞추는 것을 목표로 한다.

19세기 후반 정신 분석학의 등장은 진리 탐구의 새로운 방식을 창조했다. 그것은 '과학적으로 용인되는 관찰'을 통해 고백을 유도하는 방법으로, 푸코가 관심을 가질 만한 대목이 있다면 여전히 주로 성에 관한 것이라는 점이다.[9] 정신 분석이 가톨릭의 고해 성사와 결정적으로 다른 부분은 내담자가 타인에게 무엇을 감추려 하는지가 아닌, '그 자신에게 무엇을 감추려 하는지'에 관심을 가졌다는 것이다.[10] 정신 분석은 진정한 자아의 발굴을 위한 실용적인 틀을 제시했다. 지그문트 프로이트를 포함한 몇몇 정신 분석학자들의 견해에 따르면 과학적인 틀 또한 제공했다. 20세기 사상가 프리츠 펄스는 신경증을 '자신으로부터 벗어나려는 시도'[11]로 인해 유발된 상태로 보았다. 다시 말해서, 신경증은 진정성의 정반대 개념이며 정신 분석을 통해 치료할 수 있는 것이었다.

정신 분석 이론은 무의식과 의식의 이분법에 기초하고 있는데, 크게 보면 우리의 내적 자아와 외적 자아로 비유할 수 있다. 1920년대 초에 개발된 프로이트의 '에고ego와 이드id' 이론에서, '이드'는 우리의 내적 자아이고 '에고'는 우리의 외적 자아이다.[12] 이성적인 에고는 사회에서 용인되지 않는 성적이고 폭력적인 충동을 억제해서 본능적인 이드를 통제하려 하는데, 이 충동에는 프로이트가 오이디푸스 콤플렉스―한쪽 부모에 대한 성적 욕망과 다른 부모에 대한 질투의 감정―로 정의했던 것도 포함된다.[13] 프로이트는 에고를 이드의 추악함을 감추기 위한 '가면facade'[14]으로 설명했다.

그 외의 다른 초기 정신 분석학에서 내적 자아는 바람직한 것으로 인식되었다. 프로이트와 동시대를 살았던 카를 융의 내적 자아 개념도 그와 비슷하게 자유분방했지만, 그보다는 덜 암울했다. 융은 내담자를 살의를 품은 성적 일탈자로 상정하지 않았다. 그는 내적 자아와의 연결을 통해 수세기에 걸쳐 굳어진 억압적 유대 기독교의 단단한 껍질을 벗겨내고 인간의 원초적 본능으로 회귀할 수 있으며, 그러한 회귀는 디오니소스적 도취와 자연과의 합일[15]로 발현된다고 보았다. 융은 자신의 분석이 '개성화individuation'를 초래할 것이라고 장담했다. 그것은 사회나 가족, 심지어 신에게도 구속받지 않는 자아[16]를 뜻하는 말이었다. 반면 프로이트는 정신 분석을 통해 에고가 이드를 정복할 수 있게 되기를 바랐다. 그는 이드의 억압된 감정 물질의 분출이 신경증적 또는 정신증적 행동으로 나타난다고 보았다. 20세기 후반 스위스의 정신 분석학자 앨리스 밀러는 어린 시절 부모의 인정이 결핍되면 '거짓 자아'가 형성되는데, 잃어버린 어린 시절을 애도하고 자신의 진솔한 감정들을 대면하여 거짓 자아를 치유할 수 있다고 보았다.[17]

그와 마찬가지로 현대의 정신 분석도 내담자와 그의 내적 자아를 통합함으로써 자유를 얻을 수 있다고 본다. 작가이자 분석가인 애덤 필립스는 2021년 출간한《나아지는 것에 관하여 On Getting Better》에서, 실존주의적 관점에서 정신 분석을 받는 내담자는 종종 '자유에 대한 그들 자신의 두려움, 실제로 존재하는 선택들에 대한 그들 자신의 거부'[18]로 인해 고통받는다고 썼다. 따라서 치료의 목적은 그들이 그러한 두려움을 극복하고 억압을 제거하여 스스로 해방을 허용하는 것이어야 한다고 했다. 정신 분석가 스티븐 그로스는《때로는 나도 미치고 싶다 The Examined Life》에서 '누구나 한번쯤은 자신의 생각과 행동에 갇힌 기분, 충동이나 어리석은 선택에 사로잡힌 기분을 느낀다. 불행이나 두려움의 함정에 빠진 기분이 들고, 자신의 과거에 감금당한 기분이 든다'[19]고 썼다. 심리 치료사는 행동의 제약을 유발하는 감정이 표출되도록 돕는다. 갇히고, 사로잡히고, 함정에 빠지고, 감금당하고. 그로스가 사용하는 단어들은 정신 분석이 그러한 것으로부터 해방되는 과정이어야 함을 분명히 한다. 자신의 감정을 표출하고 받아들이는 것은 이제 너무도 친근한 개념이다 못해 유일한 삶의 방식으로 느껴지지만, 우리 사회가 늘 그런 식으로 작동하는 것은 아니다. 예를 들면 아리스토텔레스는 '적절한 시기에, 올바른 일에, 그리고 올바른 사람에게, 올바른 목적을 위해, 올바른 방식의' 감정을 갖는 것을 '최상의 상태'[20]로 보았다. 대부분의 현대 심리학은 이러한 개념에 적극적으로 반대한다. 따라서 그러한 삶의 방식은 너무도 진정성이 없는 것처럼 보인다.

내적 자아가 외적 자아보다 근본적으로 우월한 것이라는 개념이 현대 문화를 지배하고 있다. 진실한 잠재의식과 사회적 규범에 의해 형성된 겉모습이 둘 다 존재한다는 개념은 모든 인플루언서들의 심오한 척하는 캡션에, 자기 돌봄을 다루는 모든 여성지의 표지에, 해방되기만을 기다리는 보다 나은 자아가 있다고 장담하는 시리얼 광고 속에서 희미하게 반짝인다. 우리 자신을 바꾸어 외부 세계에 맞추라고 말하는 사람은 거의 없다. 대신 우리는 우리의 내적 자아를 밖으로 드러내고 그것을 받아들여 줄 세계를 찾는다. 진정성은 그 자체로 하나의 가치 있는 목표이지만 결국 목표는, 오직 행복이다. 2012년 개봉한 영화《지젝의 기묘한 이데올로기 강의 The Pervert's Guide to Ideology 》에서 슬라보이 지제크는 요즘 사람들이 의무나 윤리에 어긋나는 과도한 쾌락을 탐닉한 것에 죄책감을 느껴 치료사를 찾아가지는 않는다고 말한다. 오히려 충분히 즐기지 못하는 것에 죄책감을 느끼고, 긴장을 풀기 위해 도움을 받는다는 것이다.[21] 데이비드 보일이 지적했듯이,[22] 진정한 삶은 휴가 중에 발견되는 것이며 책상 앞에 앉아서는 찾을 수 없다. 불행한 것과 쾌락을 충분히 추구하지 않는 것에 대한 죄책감은 결국 진정성이 없는 삶에 대한 죄책감과 같을 지도 모른다.

온라인에서 빠르게 확산되는 대중 심리학은 복잡한 정신 분석학적 혹은 신경학적 개념들을 깔끔한 이분법으로 압축하는 경향이 있다. 이러한 내적 자아의 확대는 자기 자신과 단절된 듯 보이는 이들을 훈계하는 결과를 초래할 수 있다. 소셜 미디어에서 '모두가 심리 치료를 받아야 한다'는 개념은 정서적으로 깨어 있는 사람들의 교리가 되었다. 그러나 이렇듯 심리적인 문제를 트윗에 쉽게 갈겨쓰는 행위는, 실제로 치료를 받기까지 사람들이 느끼는 강렬한 감정적 체험을 하찮게 만들 소지가 있다. 이러한 미사여구는 광범위한 고통을 유발하는 구조적 문제와 특정인이 '치료받는 것'을 가로막는 구조적 문제를 고려하지 않는다. 혹은 '치료'라는, 다양한 방법과 목적을 아우르는 용어를 그저 '받기'만 하면 되는 단순한 대상으로 균질화할 수 없다는 기본적인 사실 역시 거의 고려하지 않는다. 소셜 미디어 이용자들은 거의 매번 좋은 뜻으로 하는 말이라며 심리 치료의 이점을 설파한다. 그들은 부모님에 대한 불만을 토로하고 나면 즉각적으로 기분이 좋아지는 단순한 과정으로 심리 치료를 묘사하는 경향이 있다. 실제로는 아주 복잡하고도 미묘한 문제이고, 적절한 치료법과 치료사를 찾았는지에 따라 달라지는 문제이며, 어쩌면 심리 치료가 맞지 않는 사람이 있을 텐데도. 소셜 미디어는 정서 지능을 진부한 이야기로, 밈으로, 단순한 농담으로 압축한다. 결국엔 아무 의미도 없어질 때까지. 예를 들면, 2021년도에 풍선 모양의 글자로 명언을 쓰는 것으로 유명했던 인스타그램 아티스트 마이클 슈나이더는 풍선 글자로 다음과 같은 게시물을 올렸다. '누드 사진은 됐고요. 당신의 상담 치료사가 발송한, 날짜가 찍힌 청구서를 보내줘요. 당신이 자신을 위해 노력하는 사람이란 것을 알 수 있도록.'[23]

가톨릭교회에서 고해 성사에 참여하기만 해도 면죄부를 받는 것처럼, '자신을 위해 노력하는 것'은 그 자체로 진정성 있는 것으로 여겨진다. 상담실 소파에서 이루어지는 대대적인 고백 외에도, '상담 치료사가 발송한 날짜 찍힌 청구서'를 보내거나 소셜 미디어에 올리는 것 또한 진정성을 만들어 내고 또 증명하는 소소한 고백 행위다. 풍선 글씨 남자의 사례에 나타난 바를 연애의 관점에서 보았을 때 '자신을 위해 노력'한다는 것은 일종의 정서적 여유를 뜻하기도 한다. 아리스토텔레스와는 반대로, 인간의 감정은 사회의 규범으로 인해 종종 억압되는 내적 세계의 일부이기 때문에 결코 틀릴 수 없다는 것이 대중 심리학의 통념이다.

부정적인 감정일지라도 '잘못된' 것으로 여겨서는 안 된다는 개념을 근본적으로 비난할 수는 없다. 직장, 가족, 사회와 같은 우리가 속해 있는 조직은 종종 우리에게 상황에 대한 본능적인 감정 반응을 밀어내고 조직 안에서의 기능을 수행하기를 요구한다. 이 사실을 인지하고 자신의 감정을 탐구하고 느끼는 것을 스스로에게 허용하는 것은 개인의 해방 측면에서, 때로는 정치적인 측면에서도 상당히 중요하다. 예를 들면, 여성은 역사적으로 히스테리가 심하고 지나치게 감정적이라는 비난을 받아 왔고 이는 억압의 한 형태로 이용되었다. 심리학 분야에서의 과학적 진보는 과학적 접근이 정신적 질환과 고통을 치료하는 데 효험이 있음을 입증했다. 감정을 중시하는 교리에 의문을 제기하는 것은 교리가 틀렸다고 말하는 것이 아니다. 단지 그것이 하나의 교리가 되었다는 사실을 짚어보는 것이다. 해방감을 주어야 할 무언가가 그 자체로 하나의 확고한 교리가 되어버린다면 거기에는 반드시 긴장이 따르게 마련이다.

우리 중 상당수가 행복해지기 위해, 그리고 이 사회에서 기능을 수행할 수 있는 구성원이 되기 위해 내적 자아를 실현해야 한다고 확신한다. 아마도 우리가 본능적으로 내적 자아를 더 나은 자아라고 생각하고 있기 때문일 것이다. 그러나 그 말을 액면 그대로 받아들일 때, 내적 자아는 과연 언제나 더 나은 자아일까? 모두가 치료만 받는다면 더 나은 세상을 만들 진정성 있는 개인으로 거듭나게 된다고 보는 것은 매우 낙관적인 생각이다. 제임스 그레이그는 2021년 〈아이디ㅤiD〉에 게재한 심리 치료에 관한 온라인 담론을 다룬 글에서, 그해 잉글랜드 축구 대표팀이 유로 결승전에서 패하자 '치료 좀 받아!'라고 말하는 관중들이 본격적으로 등장했다고 썼다. 치료를 받기만 하면, 남자들이 덜 인종 차별적이고 덜 폭력적이고 술에 덜 취한다고 본다는 뜻이었다.[24] "치료 좀 받아"라고 말하는 관중의 의도는 선하다. 인종 차별적이고, 폭력적이고, 술에 취하는 행위는 고백 전용 소파와 상담 치료사의 도움으로 벗겨낼 수 있는 외적 자아의 한 단면일 뿐이다. 그러나 프로이트 이론에서 보았던 것처럼, 만약 어떤 이의 내적 자아가 이기적이고 가학적이거나 혹은 인종 차별적이거나 폭력적이라면? 바람직하지 않은 내적 자아의 특성들을 무력화하여 사회 구조에 더 잘 적응하도록 만드는 것이 목표가 되어야 하지 않을까? 그 결과는 분명 진정성 없는 것이다. 그리고 올바른 감정과, 올바른 감정을 느껴야 할 때가 있다는 아리스토텔레스의 개념과도 다르지 않다.

심리 치료처럼 소셜 미디어도 우리가 우리 자신의 삶을 서사로 만드는 것을 가능하게 한다. 소셜 미디어의 분위기가 갈수록 과열되고 불안정해지고 온갖 아이러니로 혼란스러워짐에 따라, 자아실현이라는 암묵적 목표가 있었던 온라인 포스팅은 일종의 고해 성사가 되었다. 팔로워들이 신부나 치료사처럼 처방을 내리고 판결하고 화해시킨다. 그러나 그 과정에는 미묘하고도 결정적인 차이가 있다. 고백의 과정에서 권력자에게 던져지는 질문이 어떻게 진화했는지 살펴보면 그 명확한 궤적을 확인할 수 있다. 가톨릭교회의

고해실에서 우리는 '내가 나쁜가요?'라고 묻는다. 정신
분석가의 소파에서 우리는 '내가 미친 건가요?'라고 묻는다.
자기 돌봄 문화 속에서 우리는 '내가 행복한가요?'라고
묻는다. 그리고 온라인에서 우리는 '내가 진정성이
있나요?'라고 묻는다.

소셜 미디어에서 고백의 과정은 순환적이다. 예전에는
고백이 더 큰 목표(영원한 구원 혹은 그에 상응하는 세속의
목표)를 위해 진정성 있는 진실을 드러내는 데 이용되었다면,
소셜 미디어에서의 진정성은 그 자체로 하나의 목표다. 그저
찬란하게 자기 자신인 것만으로도 충분하다. 그랜드 캐니언
옆에서 행복한 표정을 짓거나, 미니멀리즘을 표방하는 거실의
사진을 찍어 올리거나, 예술적으로 '어수선한' 셀카를 찍거나,
카리스마 넘치는 '폭풍 업로드*'를 하는 것처럼. 진실한
삶은 그 자체로 하나의 볼거리가 된다. 누구든 '당신 자신'이
되라는 명령에 따라 무한한 선택을 할 수 있다고 해도 여느
도덕규범처럼 진정성 추구에도 지침이 필요하다. 타인의 삶을
탐욕스럽게 소비하면서 우리는 종종 본받을 만한 모범을 찾기

---

*   엄청나게 많은 양의 사진을 한꺼번에 업로드한다는 의미의 photo dump를 그와
    유사한 한국어로 번역했다

위해 애쓰며, 어떻게 진실한 삶을 살고 어떻게 그 삶을 증명할 것인지에 관한 지침을 찾는다.

2010년대 중후반에 이르러 인플루언서의 '진정성'에 대한 관심은 급격히 증가했다. 인플루언서에게 브랜드와의 협업이나 협찬의 투명성을 의무화한 2014년의 법안이 지금은 당연하지만, 당시에는 인플루언서의 화려한 겉모습을 완전히 박살 낸 사건이었다. 인플루언서들에게 새 장이 열린 셈이었다. 그들의 천연덕스러운 연기가, '당신과 똑같지만 아주 조금 나은' 사람인 척하는 연기가 더 이상 통하지 않았다. 인터넷이 진실을 어디까지 숨길 수 있는지 깨닫게 된 사람들은 진정성에 대한 새로운 열망에 휩싸였다. 그것은 2000년대의 촉각적 자연주의에 대한 열망과는 달랐다. 야심 찬 인플루언서 지망생들은 돈을 주고 팔로워를 샀다. 틴더에서 가짜 프로필로 사기를 치는 사람들도 있었다. 우리는 셀카에서 잘라낸 부분들을 결코 볼 수 없으며, 소셜 미디어는 우리 친구들의 삶에서 좋은 면만을 편집해 보여 주었다. 숙련된 인기 제조기답게 인플루언서들은 완벽한 모습으로 등장했을 때와 똑같이 기민하게 결함 있는 사람으로 변신했다. 모델처럼 찍히는 포즈를 알려주는 '인스타그램 vs 현실' 관련 게시물, 정신적인 문제를 토로하는 글, 브랜드에 대한 진정한 믿음 때문에 제품을 소개하는 것일 뿐 결코 '협찬'받지 않았다는 명시, 감당할 수 있는 한 최대한 맨얼굴을 드러내는 셀카, 깨끗한 회색 운동복과 허브 차 한 잔의 시대가 열렸다. 갑자기 당신의 삶이 다른 사람들의 삶보다 더 진짜임을 증명하는 것이 목표가 되었다.

　　2010년대 후반 온라인 저널리즘은 진정성 있는 인플루언서로의 변신에 대해 광범위하게 분석하여 완벽한 포즈나 포토샵을 한 사진이 아닌 셀룰라이트가 드러나는 사진으로 콘텐츠가 바뀌었다고 지적했다. 그러나 바로 그 진정성이 고백의 행위에서 파생되었다는 점은 제대로 논의되지 않았다. 인플루언서들은 더 많이 이야기하거나 다양한 이야기를 하는 것은 물론이고, 과거의 속임수까지 구체적으로 밝히면서 진정성을 더 드러내기 시작했다. 2015년 50만 명의 팔로워를 거느렸던 호주의 인스타그래머 에세나 오닐은 자신이 품었던 화려한 야망을 해체하기 시작했다. 오닐은 자신의 피드에 있는 거의 모든 게시물을 삭제했다. 남겨둔 사진에는 햇빛 아래, 혹은 고급 저택의 내부에서 날씬하고 행복하고 완벽해 보이는 모습을 찍을 때 '실제로' 무슨 일이 일어나고 있었는지에 대한 설명을 새로 달았다. 돌이켜 보면 오닐 역시 여느 사람들과 똑같이 불안했고 우울했으며 이미지에 집착했다는 사실은 전혀 놀랍지 않다. 웃고 있는 어느 셀카 밑에는 마음에 드는 사진이 나오기까지 50번을 찍었다는 고백이 있었다. 오닐은 '이 사진에는 진짜가 하나도 없다'[25]라고 썼고, 자신의 인스타그램 계정 이름을 '소셜 미디어는 실제 삶이 아니다'로 바꾸었다가 몇 년 뒤에는 계정을 완전히 삭제했다.

온라인 셀럽들이 지금까지 자신이 얼마나 많은 것을 숨겨 왔는지 앞다투어 공개하는 동안, 팔로워들은 매료되었다. 결코 닿을 수 없을 것만 같았던 완벽한 세상이 환상이었다는 사실에 위안을 얻거나, 끝없는 겹겹의 층이 해부되고 폭로되는 과정을 거리를 두고 지켜보았다. 인스타그래머 타비 게빈슨은 2019년 〈더 컷〉에 '어느 순간부터 공유할 수 있는 나를 진정한 나로 여기게 되었고, 자칫 호감도를 떨어뜨릴 수도 있는 요소들은 깊숙이 묻어 두고 그 존재조차 잊었다'[26]라는 고백의 글을 기고했다. 〈더 컷〉이 올린, 악명 높은 인플루언서의 정체를 폭로한 글 '내가 캐롤라인 캘러웨이였다'[27]가 급속도로 퍼지고 난 뒤 엿새 만에 올라온 글이었다.

캐롤라인 캘러웨이의 위키피디아 페이지에는 이렇게 적혀 있다. '캐롤라인 갓첼 캘러웨이(1991년 12월 5일생)는 인스타그램에 '긴 글'과 함께 사진을 올리는 것으로 유명했던 미국의 인터넷 셀럽이다.' 캘러웨이가 그 '긴 글'을 직접 썼을 가능성을 의도적으로 축소한 문장이다. 〈더 컷〉에 실린 글의 핵심은 캘러웨이가 자신의 페르소나의 원 저자인지였다. 그 글은 한때 캘러웨이와 친구였던 나탈리 비치가 쓴 것으로, 그의 유명한 '긴 글'의 배후에 늘 자신이 있었다고 밝혔다. 캘러웨이는 회고록(비치의 도움을 받을 예정이었다)을 출간하지 못한 것과 '최고의 삶'을 사는 법을 가르쳐주겠다며 '창의성 워크숍' 일정을 잡았지만 참가자들이 장당 165달러에 입장권을 구매했는데도 장소를 섭외하지 못한 것 때문에 이미 '사기꾼'임이 폭로된 상태였다. 따라서 해당 기사는 캘러웨이의 또 다른 사기 행각을 폭로한 것뿐이었다.

캘러웨이의 모든 행보는 진정성을 표방했다. 그는 자신만의 서사를 구축함으로써 거칠고 결함이 있는 자아의 기록을 공개했다. 따라서 이 사건은 에세나 오닐의 경우처럼 단순한 '진정성 없음'이 아닌, 진정성 없음의 극치라 말할 수 있었다. 기사는 트위터를 장악했고 진실과 거짓의 공방이 연일 계속되었다. 비치는 기사를 통해 캘러웨이를 맹비난했지만, 캘러웨이는 실시간으로 그 기사에 대해 논평했다. 그는

•   2023년도에 《사기꾼 Scammer》이라는 제목으로 자서전이 출간되었다

인스타그램을 통해 비치가 언급한 몇 가지 사건을 자기 버전으로 직접 해명했고, 비치의 기사에 대한 자신의 반응도 기록으로 남겨 영원히 끝나지 않는 자신의 서사로 흡수했다.

오닐을 비롯한 전형적인 인플루언서들은 인스타그램과 현실, 진짜와 가짜 사이에 선을 긋고 선과 악이 깔끔하게 구별되는 가상의 세계를 지켜 나가고 싶어 한다. 그들은 공인들이 늘 그래왔듯이, 직접적인 고백의 형식으로 진실을 밝힌다. 잘못이나 도의에 어긋난 행동을 인정하고, 그런 인간적인 모습이 그들을 다시 올바른 길로 되돌려 놓는다. 이러한 현상은 스포츠계에서도 종종 나타난다. 나오미 오사카, 엠마 라두카누 등 몇몇 프로 테니스 선수들은 최근 자신의 정신 건강 문제에 대해 솔직하게 털어놓았는데, 이는 정신력에 크게 의존하는 스포츠에서 특히 그 의미가 크다. 복싱을 잠시 중단했던 타이슨 퓨리는 우울증과 약물 중독으로 어려움을 겪었다고 밝혔다. 다시 대중의 곁으로 돌아왔을 때, 그는 '이번에는 나 자신이 되고 싶다. 더 이상 그 어떤 캐릭터도 연기하고 싶지 않다'[28]고 말했다.

이와 반대로 캘러웨이는 갈수록 불어나는 그 자신의 '진정성 없음' 물결에 스스로 편승했다. 어쩐 일인지 그런 모습이 캘러웨이를 더 진정성 있는 사람처럼 보이게 했지만.

그것은 전부를 아우르는, 혼란스러운 의미의 진정성이었다.
재앙 같은 워크숍 사건이 온라인에 보도된 이후, 캘러웨이는
자신을 '사기꾼'으로 스타일링하며 자신의 캐릭터를
아이러니로 비틀었다. 결국 사기꾼의 진실은 사기꾼의
의미와는 상관없는 것이 되었다. 캘러웨이는 2019년 '사기The
scam'[29]라는 제목의 새로운 워크숍을 진행했다. 그는 사람들이
자신에 관해 한 말들을 강박적으로 리트윗함으로써 사람들의
논평이나 농담마저도 자신의 피드 일부인 것처럼, 그 자신이
작성자인 것처럼 보이게 만들었다. 2019년, 더 이상 고백할
것이 남아 있지 않았던 캘러웨이는 성인용 콘텐츠 플랫폼
온리팬스에 합류했다. 그는 알몸 사진을 온리팬스와 트위터에
공유하며 마지막 남은 자기 자신을 공개하기 시작했다.
1782년에 출간된 장 자크 루소의 《고백록》은 최초의
자서전이자 진정성이라는 개념이 부상하는 데 결정적인
역할을 한 저서로 유명하다. 고백은 무엇보다도 포괄적이어야
한다고 생각했다는 점에서 루소는 캘러웨이 프로젝트의
본질을 포착했다. 그는 《고백록》에 자신의 가장 깊은 생각들과
감정들을 포함한 자신의 전부가 담길 거라고, 그래서 그가
실제로 어떤 사람이었는지에 관한 완벽한 그림이 나올 수
있을 거라고 했다. 루소는 '주님의 왕좌 주위에 나와 같은

유한한 인간들이 무수히 모일지니, 그들이 나의 고백을 듣고, 나의 타락에 얼굴을 붉히고, 나의 고난에 떨게 하라. 그리하여 그들 각자의 차례가 되면 그와 똑같은 진실함으로 자신의 실패와 마음의 방황을 드러내게 하라'[30]고 썼다.

캘러웨이의 타락에 얼굴을 붉히는 바로 그 순간, 우리는 우리 자신의 실패와 방황을 드러내는 셈이다. 우리가 온라인에서 하는 고백의 상당수는 과도한 노출이거나 심지어 수치스럽기까지 한 노출이다. 푸코는 '인간은 가장 말하기 어려운 것을 가장 상세히 말한다'고 했다.[31] 낭만주의 소설가 나다니엘 호손은 '진실하라! 진실하라! 진실하라! 세상에 자유롭게 보여 주어라! 당신의 가장 나쁜 모습은 아닐지라도, 가장 나쁜 모습을 짐작할 수 있는 특성이라도!'[32]라고 했다. 화해를 청하는 우리의 고백은 울고 있는 셀카일 수도 있고 신경증을 인정하는 것(아마도 치료 관련 밈과 함께)일 수도 있다. '추함'의 미학이 갈수록 인스타그램을 점령하고 있다. 이런 흐름을 2010년대의 매끄러운 장면들에 대한, 무보정이라는 어수선한 해독제로 볼 수도 있지만 그와 동시에 이것은 진정성 있는 자아를 인정해 달라는 의도적 노출이기도 하다.

자기 검열에 동참할 것을 촉구하는 흐름은 그 어느 때보다도 거세다. 지난 몇 년간 온라인에서의 소통 방식은

솔직하게 털어놓는 고백의 형태로 변화했다. 과거 우리가
보여 주었다면, 이제 우리는 말한다. 동영상 플랫폼인
틱톡은 2016년 출시된 이후 천문학적으로 성장했으며, 그
외 다른 소셜 미디어 플랫폼 중 특히 인스타그램은 카메라를
응시하고 있는 사용자의 동영상에 갈수록 의존한다.
2016년에 출시된 인스타그램의 '스토리' 기능은 스냅챗에
의해 대중화되었던 일정 시간 후 사라지는 콘텐츠 모델을
채택했다. 이것은 찰나성을 통해 진정성을 추구하는 행위로,
게시물이 영구적으로 남지 않는다는 사실을 사용자가 알고
솔직한 순간들을 공유하게 만들었다. 스토리는 과거 유튜브
브이로그에만 한정되었던, 시청자를 바라보는 영상 형식을
취한다. 사용자는 휴대폰의 카메라와 보이지 않는 시청자를
향해 마음속에 떠오르는 것들을 전부 다 털어놓을 수 있다.
자막은 캘러웨이의 에세이처럼 두서 없고, 사진 한 장을 띄워
놓고 인생 이야기를 풀어놓기도 한다.

　　의식적으로 혹은 적극적으로 말하지 않아도 미세한
고백은 소셜 미디어에서 끊임없이 일어난다. 가장 흔하고
지속적인 현상 중 하나는 온라인에 만연하고 피로감을
유발하는 아이러니의 남용이다(그보다 더 피로감을 유발하는
유일한 무언가가 있다면, 컴퓨터 화면이 만드는 소통의 장벽 때문에

제대로 전달되지 않는 데도 진심을 전달하려 애쓰는 것이다).

온라인의 아이러니는 진정성을 보여 주려 애쓰는 데서 비롯된 역설을 받아들이기 위한 우리 나름의 방식이다. '나 자살하고 싶어ㅋㅋ'에서처럼 온라인 소통에서 가벼움을 보여 주기 위해 접미사로 'ㅋㅋ'을 아이러니하게 사용하는 것은 자기의식을 보여 주는 행위이기도 하다. 2019년에 출간된 온라인 언어학 관련 저서 《인터넷 때문에 Because Internet》에서 그레천 매컬러는 '"ㅋㅋ"을 붙이는 것은 헤아려야 할 두 번째 의미가 있음을 뜻하는 것이고, 수신자에게 문자 그대로의 의미 너머를 생각하라고 말하는 것'이라고 썼다.[33] 결정적으로 이런 문자는 수신자에게, 당신은 이미 그 두 번째 의미를 알고 있다고 말한다. 진정성 없는—비현실적인—가상의 소통에 어쩔 수 없이 감추어진 진정성 있는 진실을 당신은 알고 있다고.

  온라인에서 진짜 진정성을 보여 주기 위해, 보여 주기식 솔직함과 공허한 감성의 영역을 초월하기 위해 우리는 자기의식의 과잉 상태로 접어든다. 이것은 우리가 무엇을 올리고 무엇을 올리지 않을지 고민한다는 뜻이 아니다. 우리의 게시물이 사람들의 눈에 정확히 어떻게 보일지 알아야 한다고 압박감을 느낀다는 뜻이다. 만약 그것을 알아내는 데 성공한다면, 그것은 우리가 인터넷에 올리는 게시물을 통해 의도적으로나 은연중에 드러나는 우리의 개인적 성향의 면면들을 전부 다 파악할 정도로 우리 자신을 의식하고 있다는 뜻이다. 아이러니하게도 우리는 다른 사람의 반응을 예측함으로써 완전히 노출되지 않을 수 있다. '창피한 셀카'라는 설명과 함께 사진을 올리는 것은 그게 창피한 일일 수도 있다는 사실을 스스로 의식하고 있음을 보여 준다. '너무 솔직해서 죄송' 혹은 '※솔직함 주의!'라는 문구를 앞에 붙인 트윗은 무심코 진심을 말하는 것이 인터넷에서 가장 멋지지 않은 행동임을 보여 준다(물론 진짜 '기본적'인 사람들처럼, 우연히 드러나게 된 진짜 진정성을 통해 사람들이 동경할 만한 자유로움을 보여줄 수도 있겠지만 말이다). '진심인데' 혹은 '진지하게 말하는데,'와 같이 비교적 덜 구체적인 표현들은 보통 상투적인 말을 해야 할 때를 위해 남겨 둔다. 코믹한 효과를 내기 위해 그 중요성을 과장하고('진지하게 말하는데, 이 개는 내가 본 것 중 가장 귀여운 개야'), 진지한 고백이 나올 것 같은 상황에 예상과 다르게 또 다른 의미 없는 그러나 공감이 가는 말을 하는 것이다. 과장법은 고백의 연장선상에 있다. 대상에 대한 강한 감정을 표현하는 것은 자신을 뒤집어 내적 세계의 강렬함을 증명하는 하나의 방식이다.

무엇보다도, 아이러니와 과도한 자기의식은 온라인

교류의 역학에 미묘하게 작용한다. 두 가지 모두 진정성을
상징하지만, 그러면서도 진정성이 실현될 가능성을 제한한다.
권위를 가져야 할 팔로워와 관찰자로부터 권위를 빼앗고,
잠재적 고백의 충격을 완화한다. 진지한 것과 진지하지
않은 것을 분간할 수 없게 된다. 우울증에 걸렸다는 말이
셀럽의 가십과 똑같은 어조로 전달될 수 있는 것이다.
이러한 불분명함으로 인해 우리는 무엇이 고백이고 무엇이
단순한 농담인지, 무엇이 진심이고 무엇이 아이러니인지,
궁극적으로는 무엇이 진실이고 무엇이 진실이 아닌지를 항상
알 수는 없다.

　　종교가 없는 사람들에게 가톨릭교회의 고해 성사는
불온하게 느껴질 수 있다. 원하는 것은 뭐든 할 수 있고, 그
사실을 신부에게 말하기만 하면 천국에 갈 수 있다고? 뉘우칠
필요도 없이? 고해 성사를 정말 하고 싶어서 하는 건가?
아니면 그냥 해야 하는 일이라서 하는 건가? 현대 사회의
세속적 고해 성사에 동참하는 사람들에게도 비슷한 질문을
던질 수 있겠다. 당신은 정말 변화하고 싶은가? 아니면 단지

그래야만 해서 치료를 받는가? 당신 자신이 누구인지 알고
있는가? 아니면 단지 그래야만 해서 온라인에서 자신을
공유하는가?

푸코의 체계야말로 어쩌면 진정성 문화에서 가장 중요한
역학 관계를 드러내는 것일지도 모른다. 모든 형태의 고백에는
자아와의 권력관계가 존재한다. 바로 우리의 내적 자아와
행동하고 고백하는 자아 사이의 권력관계다. 고백을 통해
자아의 일부가 실현될 때, 또 다른 자아 즉 생각하는 이성,
우리의 존재 자체에 묶여 있는 '나', 어쩔 수 없이 내면에
머물러 있는 '나'는 그것을 지켜본다.

심리 치료사가 그 어떤 제안도 하지 않고 잠자코 앉아
있을 때, 우리의 말이 허공에 떠 있는 동안 그 말이 발굴되느라
생긴 영혼의 구멍에 진실이 스며든다. 온라인에서도 우리의
팔로워들이 할 수 있는 일은 많지 않다. 때로 우리는 우리
자신의 소셜 미디어 피드를 보면서, 다른 사람들이 무엇을
보는지 확인하고, 다른 사람들에게 투영된 우리 자신의
이미지를 평가한다. 우리가 세상에 알리기 위해 완벽하게
구축한 자아의 '하이라이트 릴'을 보는 것이다. 그러나 그러한
자아실현 과정에서 우리는 우리 자신의 대화 상대가 되었다.
우리는 끊임없이 고백하고 그 고백으로 생성된 개체에 대한

피드백을 내적 자아에게 요청한다. 이게 나 맞아?

우리가 세상에 내어놓는 모든 자아에 똑같은 분석과 질문, 똑같은 수행의 규칙을 적용했을 때, 진정성이 있는 것과 진정성이 없는 것은 물질적으로 다를까? 우리는 내적 자아와 외적 자아의 일치를 찾는 데 골몰하지만, 마침내 그 탐색이 완료되었을 때 어떻게 알 수 있을까? 소셜 미디어 혹은 그 외의 다른 곳에서 설령 자아가 실현된다고 해도, 우리는 결코 확실히 알 수가 없다. 그것이 우리의 내면에서 실제로 일어나는 일과 똑같은 성질, 똑같은 음색을 가질 수 없기 때문이다. 우리가 여기서 이야기하는 것은 하나의 느낌일 뿐이다. 만족감, 온전함, 자족감과 같은 하나의 느낌. 결국 행복의 느낌이다.

푸코는 우리에게 '[성]을 숨겨야 할 의무는 성을 인정해야 할 의무의 또 다른 측면'[34]은 아닌지 생각해 보라고 요구한다. 자아에 대해서도 같은 질문을 던질 수 있겠다. 숨겨진 내적 진실이라는 개념이 자아실현의 중요성에서 파생된 것이 아니라 반대로 자아실현의 중요성을 창출한 것은 아니었을까? 내면과 외면, 진정성이 있는 것과 없는 것의 구분은 영원히 끝나지 않을 이 여정을 지속시키기 위한 하나의 방편은 아닐까? 그 관심을 다른 곳으로 돌린다면 어떻게 될까? '이건 내가 아니야'라고 말하고, 내가 누구인지 굳이 증명하려 애쓰지 않는다면?

헌사

무엇보다도 이 프로젝트를 맡아 현실로 만들어 준 헨리 로울리와 오르탁 프레스에 감사드립니다. 참으로 놀라운 기회였으며, 앞으로 어떻게 진행될지 너무도 기대가 됩니다.

저의 에이전트 홀리 포크스에게 감사합니다. 그는 언제나 차분한 목소리를 내어 주었고 점점 미쳐 갔던 나의 이메일을 참아 주었습니다. 당신이 없었다면 이 책은 세상에 나오지 못했을 거예요. 아름답고 완벽한 표지를 만들어 준 조 워커에게 감사드립니다. 날카로운 눈으로 엉망진창인 나의 단상들을 문장으로 바꿔준 리처드 아커스와 톰 윗콤에게 감사합니다. 나의 글을 사람들이 읽도록 해 준 제이미 위트콤에게도 감사합니다.

발췌문을 읽어 주고, 책들을 추천해 주고, 개념들에 대해 이야기해 준 친구와 동료 들에게도 정말 감사합니다. 소피 이거, 플로렌스 글랜필드, 롤라 시튼, 그리고 특히 처음부터 조언자 역할을 해 준 사라 매너비스에게 감사드립니다.

철학에 관한 무한한 지혜의 원천이 되어 주고, 아기와 시간을 보내며 내 글을 읽어 주고 글에 대해 이야기해 주었을 뿐 아니라, 2019년 11월 더럼에서 힙스터들의 플랫화이트 한 잔을 놓고 처음 이 아이디어를 구상할 수 있도록 도와준 나의 형제 샘에게 특별한 감사를 전합니다. 완벽한 제목을 지어 주고 에세이(에세이어 – 시도하다)의 진정한 의미를 상기시켜 준 것도요.

작가로서의 나의 시간을 흠뻑 즐겨 준 〈뉴 스테이츠맨〉의 피파 베일리와 피터 윌리엄스, 그리고 친절하면서도 솔직히 너무 무서울 정도로 똑똑한 다른 동료들에게도 감사합니다. 여러분에게 날마다 너무도 많은 것을 배웠습니다. 아름다운 그로스몬트에서 고독한 시간을 보낼 수 있게 해준 폴리와 제레미 포스터, 여러 차례 공간을 빌려 주었을 뿐만 아니라 차와 맥주, 시골의 여유로운 분위기를 끊임없이 제공해 준 루스와 마이크 에어에게도 감사드립니다. 특히 나타샤 헬리오티스, 킴 게스트, 에이미 브롬웰, 케이틀린 터너, 크레시다 쇼, 헤베 포스터, 엘리 캐딕 등 아직 언급하지 않은 친구들에게도 고마움을 전합니다. 여러분 모두 사랑합니다. 마르지 않는 창의적 영감의 원천이 되어 주고 근면과 결의가 어떤 모습인지 끊임없이 보여 준 나의 형제 톰에게 감사합니다.

모든 사랑과 지원을 아끼지 않으시고 나를 분석하고 글을 쓰며 세상과 소통하고 싶어 하는 사람으로 만들어 주신 엄마와 아빠에게 감사합니다. 두 분이 없었다면 이 일을 해낼 수 없었을 거예요.

무엇보다도 편집과 격려, 친절과 인내와 사랑을 주고 내가 아는 그 누구보다 나를 웃게 만들어 준 조지 에어에게 감사합니다. 당신이 없었다면 나는―더 좋은 표현이 없네요―지금의 내가 아니었을 거예요.

후주

서문

1   Trilling, Lionel, Sincerity and Authenticity (Cambridge: Harvard
     University Press, 1971).

2   Shakespeare, William, Hamlet, Act I, Scene 3, l. 78.

3   Guignon, Charles, On Being Authentic [ebook] (London: Routledge,
     2004).

4   Guignon, On Being Authentic, p. 4.

5   Rousseau, Jean-Jacques, Confessions [ebook] (London: Reeves & Turner,
     1861, first published 1782).

6   Taylor, Charles, The Ethics of Authenticity (USA: Harvard University
     0Press, 2018, first published 1991).

7   Dabiri, Emma, What White People Can Do Next (London: Penguin
     Random House, 2021).

셀럽

1   Dyer, Richard, Stars (London: British Film Institute 1998, first published
     1979) p. 45.

2   Alberoni, Francesco, 'The powerless "Elite": theory and sociological
     research on the phenomenon of the stars', in Redmond, S., and Holmes, S.,
     eds. Stardom and Celebrity: A Reader (Thousand Oaks, CA: Sage 2007).

3   Debord, Guy, Society of the Spectacle (first published 1967, Pattern Books
     2020) pp. 32-33.

4   Boorstin, Daniel J., The Image: A Guide to Pseudo-Events in America, 50th anniversary edition (New York: Vintage, 2012, first published 1962) pp. 45, 57–58.

5   Zimmer, Ben, 'The Origins of "Relatable"', New York Times (13 August 2010), https://www.nytimes.com/2010/08/15/magazine/15onlanguage.html. Accessed 13 July 2022.

6   Lee, Kate, 'Stars, they're just like us', medium.com (27 February 2013), https://medium.com/kate/stars-theyre-just-like-us-186c59d740eb. Accessed 13 July 2022.

7   The Simple Life, Bunim-Murray Productions/20th Century Fox.

8   Beyonce (beyonce), 'Sir Carter and Rumi 1 month today⋯', Instagram (14 July 2017), https://www.instagram.com/p/BWg8ZWyghFy/?taken-by=beyonce&hl=en Accessed 13 July 2022.

9   Fecteau, Jessica, 'Julianne Moore on Jennifer Lawrence: "She's a Genuinely Authentic Individual"', People.com (2 December 2015), https://people.com/movies/julianne-moore-on-jenniferlawrence-shes-a-genuinely-authentic-individual/. Accessed 13 July 2022.

10 Dawson Hoff, Victoria, 'Jennifer Lawrence's Singing Voice is Awesomely Awful', Elle (13 November 2014), https://www.elle.com/culture/celebrities/news/a19907/jennifer-lawrence-cannot-sing/. Accessed 13 July 2022.

11 Rose, Rebecca, 'Just When You Think Jennifer Lawrence Can't Fit Another Marshmallow In Her Mouth, She Surprises You', Cosmopolitan, 2 October 2015. https://www.cosmopolitan.com/entertainment/news/a47139/just-when-you-think-jennifer-lawrence-cant-fit-another-marshmallow-in-her-mouth-she-surprises-you/. Accessed 13 July 2022.

12 Robehmed, Natalie, 'The World's Highest Paid Actresses 2015: Jennifer Lawrence Leads with 52 million', Forbes, 20 August 2015, https://www.forbes.com/sites/natalierobehmed/2015/08/20/the-

worlds-highest-paid-actresses-2015-jennifer-lawrence-leadswith-52-million/?sh=5e9252ae4c0a. Accessed 14 July 2022.

13   Van Meter, Jonathan, 'Jennifer Lawrence Is Determined, Hilarious, and – Above All – Real', Vogue, 11 November 2015. https://www.vogue.com/article/jennifer-lawrence-december-2015-cover-hunger-games . Accessed 20 July 2022.

14   Reed, Sam, 'The 5 Most Relatable Moments from Jennifer Lawrence's Vogue Interview', The Hollywood Reporter, 12 November 2015. https://www.hollywoodreporter.com/news/general-news/jennifer-lawrence-covers-vogue-839697/. Accessed 20 July 2022.

15   'Celebrity Family Feud' on Saturday Night Live, Season 41, Episode 15, NBC (3 December 2016).

16   Holmes, Sally, 'An Ode To Jennifer Lawrence Being Her Most Jennifer Lawrence Self On The "Hunger Games" Red Carpet', Elle, 20 November 2015. https://www.elle.com/culture/celebrities/news/g27314/jennifer-lawrence-hunger-games-redcarpet/. Accessed 20 July 2022.

17   Dyer, Stars, p. 35.

18   Styles, Ruth, 'Kim Kardashian kept "leaked" sex tapes in a Nike shoebox under her bed⋯', MailOnline, 5 May 2022, https://www.dailymail.co.uk/news/article-10778471/Kim-Kardashian-secondsex-tape-Ray-J-says-hits-claim-planned-leak-it.html. Accessed 14 July 2022.

19   Keeping Up With The Kardashians, E! (2007–2021).

20   In 'Spring 2020 Transition' on 'The Duke and Duchess of Sussex' (https://sussexroyal.com/spring-2020-transition/): 'The Royal Family respect and understand the wish of the Duke and Duchess of Sussex to live a more independent life as a family, by removing the supposed 'public interest' justification for media intrusion into their lives.' Accessed 20 July 2022.

21   Oprah with Meghan and Harry, CBS (first aired 7 March 2021).

22   'Meghan and Harry interview: I didn't want to be alive any more,

duchess says', BBC News, 8 March 2021. https://www.bbc.co.uk/news/uk-56316850. Accessed 21 July 2022.

23 Morgan, Piers, 'It takes a staggering degree of narcissism to play hard-done-by victims from your Californian mansion…', MailOnline, 1 March 2021, https://www.dailymail.co.uk/news/article-9312509/PIERS-MORGAN-service-Meghan-Harry-knowself-service.html. Accessed 21 July 2022.

24 Couric, Katie, 'Kim Kardashian: We Can't Keep Up!', Glamour, 2 January 2011. https://www.glamour.com/story/kim-kardashianwe-cant-keep-up, accessed 14 July 2022

25 'Free Khloe', Keeping Up With the Kardashians, Season 3, Episode 1 (first aired 8 March 2009).

26 'Lip Service', Keeping Up With the Kardashians, Season 10, Episode 9 (first aired 10 May 2015).

27 Robehmed, Natalie, 'At 21, Kylie Jenner Becomes the Youngest Self-Made Billionaire Ever', Forbes (5 March 2019) https://www.forbes.com/sites/natalierobehmed/2019/03/05/at-21-kylie-jenner-becomes-the-youngest-self-made-billionaireever/?sh=512a3f852794. Accessed 14 July 2022.

28 Peterson-Withorn, Chase, and Berg, Madeline, 'Inside Kylie Jenner's Web of Lies – and Why She's No Longer a Billionaire', Forbes (updated 1 June 2020), https://www.forbes.com/sites/chasewithorn/2020/05/29/inside-kylie-jennerss-web-of-lies-andwhy-shes-no-longer-a-billionaire/?sh=1a649f7f25f7. Accessed 14 July 2022.

29 Forbes, 'The New Mobile Moguls: How anyone with a following can cash in…', cover of issue dated 26 July 2016.

30 Kardashian, Kim, ki m k a r d a s h i a n, '#NotBadForAGirlWithNoTalent…', Twitter (11 June 2016), https://twitter.com/KimKardashian/status/752522458054307841. Accessed 31 July 2022.

31 The Diary of a CEO with Steven Bartlett [podcast], Episode 110: 'Molly Mae: How She Became Creative Director Of PLT At 22' (13 December 2021).

32 Wagmeister, Elizabeth, '"Money Always Matters": The Kardashians Tell All About Their New Reality TV Reign' [interview], Variety (9 March 2022), https://variety.com/2022/tv/features/kardashians-hulu-kris-kim-khloe-1235198939/. Accessed 31 July 2022.

33 West, Kanye, 'Famous', The Life of Pablo (Getting Out Our Dreams II, LLC, distributed by Def Jam, a division of UMG Recordings Inc., 2016) [Apple Music].

34 Trilling, Sincerity and Authenticity, p. 9.

35 Leszkiewicz, Anna, 'Kim Kardashian vs Taylor Swift: a battle of two PR styles', New Statesman (18 July 2016), https://www.newstatesman.com/culture/music-theatre/2016/07/kimkardashian-vs-taylor-swift-battle-two-pr-styles, Accessed 14 July 2022

36 As cited in Leszkiewicz, 'Kim Kardashian vs Taylor Swift…'.

37 Syme, Rachel, 'The Shapeshifter', New York Times Magazine (3 October 2018), https://www.nytimes.com/interactive/2018/10/03/magazine/lady-gaga-movie-star-is-born.html. Accessed 14 July 2022.

38 Syme, 'The Shapeshifter'.

39 Syme, 'The Shapeshifter'.

40 MacInnes, Paul, 'Beyoncé? We think you mean Sasha Fierce', Guardian (24 October 2008), https://www.theguardian.com/music/2008/oct/24/beyonce-sasha-fierce. Accessed 14 July 2022.

41 Swift, Taylor, 'Look What You Made Me Do', Reputation (Big Machine, 2017) [Apple Music]

42 Beyoncé: Life Is But a Dream, HBO (16 February 2013).

43 Ewens, Hannah, Fangirls (London: Quadrille, 2019), p. 133.

44 An American Family, PBS (11 January 1973).

45   Love Island, ITV (2015-present).

46   As cited in Le Vine, Lauren, 'Some Of You Asked Us To Stop Writing
About The Kardashians – This Is Our Response', Refinery29 (30 July 2015),
https://www.refinery29.com/engb/2015/07/199418/kardashian-family-
pop-culture-relevance. Accessed 31 July 2022.

47   Lim, Dennis, 'Reality-TV Originals, In Drama's Lens', New York Times
(17 April 2011), https://www.nytimes.com/2011/04/17/arts/television/
hbos-cinema-verite-looks-at-american-family.html. Accessed 11 April
2021.

48   Big Brother, Channel 4 (20002018).

49   The X Factor, ITV (2004–2018).

50   The Only Way Is Essex, ITV (2010present).

51   Made In Chelsea, E4 (2011-present).

52   Gamson, Joshua, 'The Unwatched Life Is Not Worth Living: The Elevation
of the Ordinary in Celebrity Culture', JSTOR, PMLA, vol. 126, no. 4, 2011,
p. 1065. www.jstor.org/stable/41414175. Accessed 27 Feb. 2021.

53   Gamson, 'The Unwatched Life…', p. 1065.

54   Celebrity Big Brother, Season 17 (Channel 5), 5 January 5 February 2016.

55   I'm a Celebrity… Get Me Out of Here!, Season 14 (ITV), 16 November7
December 2014.

56   Celebs Go Dating, Season 4, Episode 20 (Channel 4), 5 February 2018.

57   Dancing On Ice, Season 11 (ITV), 6 January 10 March 2019.

58   Celebrity MasterChef, Season 13 (BBC Two), 4 September 12 October
2018.

59   Gemma Collins: Diva Forever (ITV Be), 7 August 4 September 2019.

60   O'Neill, Lauren, '"Move Over Britney, I'm Coming to Vegas"Gemma
Collins Talks Life Onscreen and Beyond', Vice (13 October 2020),
https://www.vice.com/en/article/7kp5ed/move-over-britney-im-coming-
to-vegas-gemma-collins-talkslife-onscreen-and-beyond. Accessed 14 July

2022

61   O'Neill, '"Move Over Britney…"'.

62   Boorstin, The Image, p. 48.

63   Boorstin, The Image, p. 61.

예술

1   Sudjic, Olivia, Exposure (London: Peninsula Press, 2018).

2   Sudjic, Exposure, p. 86.

3   Sudjic, Exposure, p. 85.

4   Sudjic, Exposure, pp. 112–113.

5   Choi, Susan, Trust Exercise, (London: Serpent's Tail, 2020, first published 2019), p. 48.

6   Choi, Trust Exercise, p. 132.

7   Choi, Trust Exercise, p. 191

8   'Between You And Me: A Correspondence on Autofiction in Contemporary Literature between Isabelle Graw and Brigitte Weingart', Texte zur Kunst, no. 115 (September 2019): 46, cited in Handahl, Philipp, 'The Decade of Magical Thinking: How Autofiction Reinvents Criticism', Mousse (7 July 2020), https://www.moussemagazine.it/magazine/autofiction-reinventscriticism-philipp-hindahl-2020/. Accessed 14 July 2022.

9   Lawrence, D. H., Sons and Lovers (Ware: Wordsworth, 1993, first published 1913).

10   Dickens, Charles, David Copperfield (Oxford: Oxford University Press, 2008, first published 1849).

11   Choi, Trust Exercise, p. 133.

12   Trilling, Sincerity and Authenticity, p. 7.

13   Joyce, James, A Portrait of the Artist as a Young Man, as cited in Trilling, Sincerity and Authenticity, p. 7.

14   Eliot, T. S., 'Tradition and the Individual Talent', as cited in Trilling,

Sincerity and Authenticity, p. 7.

15   Von Goethe, Johann Wolfgang, The Sorrows of Young Werther (London: Penguin, 1989, first published 1774).

16   Lee, Hermione, 'Philip Roth: The Art of Fiction No. 84' [interview], Paris Review (Issue 93, Fall 1984), https://www.theparisreview.org/interviews/2957/the-art-of-fiction-no-84-philip-roth. Accessed 16 July 2022.

17   Kafka, Franz, Letters to Felice, trans. James Stern and Elizabeth Duckworth (New York: Schocken, 1973), cited in Corngold, Stanley, Franz Kafka: The Necessity of Form (Cornell University Press, 1988), JSTOR, http://www.jstor.org/stable/10.7591/j.ctt207g62q. Accessed 16 July 2022.

18   As cited in Waldman, Katy, 'Who Owns a Story?' [article], New Yorker (17 April 2019), https://www.newyorker.com/books/under-review/who-owns-a-story-trust-exercise-susan-choi. Accessed 16 July 2022.

19   Nabokov, Vladimir, Lolita (London: Penguin Classics, 2000, first published 1955).

20   Kraus, Chris, I Love Dick [ebook] (London: Profile Books, 2015, first published 1997).

21   Friedman, Ann, 'Who Gets to Speak and Why: A conversation with Chris Kraus' [interview], The Cut (22 June 2017), https://www.thecut.com/2017/06/chris-kraus-in-conversation-withann-friedman.html. Accessed 16 July 2022.

22   Scutts, Joanna, 'Jenny Offill: "I no longer felt like it was my fight"' [interview], Guardian (8 February 2020), https://www.theguardian.com/books/2020/feb/08/jenny-offill-interview. Accessed 16 July 2022.

23   Sudjic, Exposure, p. 65.

24   Handahl, 'The Decade of Magical Thinking'.

25   Oyler, Lauren, Fake Accounts (London: 4th Estate 2021).

26 Oyler, Fake Accounts, p. 118.

27 Oyler, Fake Accounts, p. 62.

28 Roupenian, Kristen, 'Cat Person' [short story], New Yorker (4 December 2017), https://www.newyorker.com/magazine/2017/12/11/cat-person. Accessed 16 July 2022.

29 Nowicki, Alexis, '"Cat Person" and Me' [article], Slate (8 July 2021), https://slate.com/human-interest/2021/07/cat-personkristen-roupenian-viral-story-about-me.html. Accessed 16 July 2022.

30 Treisman, Deborah, 'Kristen Roupenian on the Self-Deceptions of Dating' [interview], New Yorker (4 December 2017), https://www.newyorker.com/books/this-week-in-fiction/fiction-thisweek-kristen-roupenian-2017-12-11. Accessed 16 July 2022.

31 Engel Bromwich, Jonah, '"Cat Person" in the New Yorker: A Discussion With the Author' [interview], New York Times (11 December 2017), https://www.nytimes.com/2017/12/11/books/cat-person-new-yorker.html?. Accessed 16 July 2022.

32 Nowicki, '"Cat Person" and Me'.

33 Kolker, Robert, 'Who Is The Bad Art Friend?' [article], New York Times (5 October 2021), https://www.nytimes.com/2021/10/05/magazine/dorland-v-larson.html. Accessed 16 July 2022.

34 Nowicki, '"Cat Person" and Me'.

35 Cummins, Jeanine, American Dirt (UK: Tinder Press, 2020).

36 As cited in Hampton, Rachelle, 'Why Everyone's Talking About American Dirt' [article], Slate (21 January 2020), https://slate.com/culture/2020/01/american-dirt-book-controversy-explained. html. Accessed 31 July 2022.

37 Ali, Monica, Brick Lane (London: Doubleday, 2003).

38 Kinchen, Rosie, 'Brick Lane author Monica Ali on burnout and writer's block: "I call it depression"' [interview], The Times (30

January 2022), https://www.thetimes.co.uk/article/bricklane-author-monica-ali-on-burnout-and-writers-block-i-call-itdepression-30lzc5f7v#:~:text=%E2%80%9CIt%20was%20a%20major%20loss,when%20I%20wasn't%20writing. Accessed 16 July 2022.

39   Del Rey, Lana, Norman Fucking Rockwell! (Polydor, 2019) [Apple Music].

40   Del Rey, Lana, Born To Die (Polydor, 2012) [Apple Music].

41   melindammme, 'the list of things Lana Del Rey invented', Twitter (18 September 2019), now deleted. Via BuzzFeed, https://www.buzzfeed.com/jonmichaelpoff/funny-tweets-from-thismonth-sept-2019. Accessed 30 July 2022.

42   Powers, Ann, 'Lana Del Rey lives in America's messy subconscious' [article], NPR (4 September 2019), https://www.npr.org/2019/09/04/757545360/lana-del-rey-lives-in-americasmessy-subconscious?t=1657986925951. Accessed 16 July 2022.

43   Trilling, Sincerity and Authenticity, p. 8.

44   Powers, 'Lana Del Rey⋯'.

45   Powers, 'Lana Del Rey⋯'.

46   Lana Del Rey (LanaDelRey), 'Here's a little sidenote on your piece⋯', Twitter (5 September 2019), now deleted, accessed via PopCrave, https://popcrave.com/lana-del-reys-letter-to-criticsmet-with-backlash-online-heres-why/, 31 July 2022.

47   Quoted in Snapes, Laura, 'The ordinary boys: how Ed Sheeran inspired troubadours swept the charts' [article], Guardian (15 March 2019), https://www.theguardian.com/music/2019/mar/15/ordinary-boys-ed-sheeran-inspired-troubadours-sweptcharts. Accessed 16 July 2022.

48   Rodrigo, Olivia, 'drivers license' (Official Video) (Geffen Records, 2021), https://www.youtube.com/watch?v=ZmDBbnmKpqQ. Accessed 31 July 2022.

49   Now deleted, as cited in Robidoux, Brandy, 'The Original Lyrics of "Drivers

License" May Mean It's Not About Sabrina Carpenter After All', Elite Daily (13 January 2021), https://www.elitedaily.com/p/this-early-version-of-olivia-rodrigos-drivers-license-maymean-its-not-about-sabrina-carpenter-55263869. Accessed 31 July 2022.

50   Rodrigo, Olivia, Sour (Geffen Records, 2021) [Apple Music].

51   Rodrigo, Olivia, 'good 4 u' (Official Video) (Geffen Records, 2021), https://www.youtube.com/watch?v=gNi_6U5Pm_o. Accessed 31 July 2022.

52   Rodrigo, Olivia, 'brutal', Sour.

53   Choi, Trust Exercise.

제품

1   Boyle, David, Authenticity: Brands, Fakes, Spin and the Lust for Real Life, second edition (London: Harper Perennial 2004, first published 2003).

2   Boyle, Authenticity, p. 21.

3   'The Ronseal Phrase' on Ronseal.com, https://www.ronseal.com/the-ronseal-phrase/. Accessed 24 July 2022.

4   The Matrix, dir. the Wachowskis, Warner Bros., 1999.

5   The Truman Show, dir. Peter Weir, Paramount Pictures, 1998.

6   Klein, Naomi, No Logo (London: Flamingo 2001, first published 1999), p. 3.

7   Klein, No Logo p. 24.

8   Dangoor, Reuben, and Riley, Raf, 'Being A Dickhead's Cool', YouTube, 9 September 2010. https://www.youtube.com/watch?v=lVmmYMwFj1I

9   Schultz, Howard, Pour Your Heart Into It (New York: Hyperion 1997) p. 5, as cited in Klein, No Logo, p. 20.

10   Scott Bedbury as quoted in the New York Times, 20 October 1997, as cited in Klein, No Logo, p. 20.

11   Malone, Noreen, 'What Do You Really Mean When You Say "Basic Bitch"?'

[article], the Cut (14 October 2014), https://www.thecut.com/2014/10/what-do-you-really-mean-by-basic-bitch. html. Accessed 16 July 2022.

12 Lange, Maggie, 'The "Basic Bitch": Who Is She?' [article], the Cut (10 April 2014) https://www.thecut.com/2014/04/basic-bitchwho-is-she.html. Accessed 25 July 2022.

13 James, William, The Principles of Psychology, Vol. 1 (New York: Henry Holt 1890), cited in Belk, Russell W., 'Possessions and the Extended Self ', Journal of Consumer Research, vol. 15, no. 2, 1988, pp. 139–68. JSTOR, http://www.jstor.org/stable/2489522. Accessed 17 Jul. 2022.

14 Nike advert, 1984, quoted in Badenhausen, Kurt, 'Michael Jordan Has Made Over 1bn from Nike…'[article], Forbes (3 May 2020), https://www.forbes.com/sites/kurtbadenhausen/2020/05/03/michael-jordans-1-billion-nike-endorsement-is-the-biggestbargain-in-sports/?sh=2e64197b6136. Accessed 25 July 2022.

15 Patton, Phil, 'The Selling of Michael Jordan' [article], New York Times (9 November 1986), https://archive.nytimes.com/www.nytimes.com/library/sports/basketball/110986bkn-jordan.html. Accessed 25 July 2022.

16 'Number of brand sponsored influencer posts on Instagram from 2016 to 2020', Statista, https://www.statista.com/statistics/693775/instagram-sponsored-influencer-content/. Accessed 23 July 2022.

17 Boyle, Authenticity, p. 162.

18 Boyle, Authenticity p. 162.

19 Data from Influencer Marketing Hub, via Oberlo, https://www.oberlo.com/statistics/influencer-marketing-market-size. Accessed 31 July 2022.

20 Matter Communications survey, as reported in BusinessWire (26 May 2020), https://www.businesswire.com/news/home/20200526005058/en/Matter-Survey-Reveals-Consumers-Find-Influencers-More-Helpful-and-Trustworthy-than-Brands-During-the-Pandemic. Accessed 31 July

2022.

21   For further reading on this topic see Tolentino, Jia, 'Always Be Optimising', in Trick Mirror (London: 4th Estate 2019).

22   Taylor, The Ethics of Authenticity, p. 17.

정체성

1   Davies, William, 'New-Found Tribes' [review], London Review of Books, vol. 43, no. 3, 4 February 2021, https://www.lrb.co.uk/the-paper/v43/n03/william-davies/new-found-tribes. Accessed 17 July 2022.

2   Fukuyama, Francis, Identity (London: Profile Books 2018)

3   Gouldner, Alvin W, 'Cosmopolitans and Locals: Toward an Analysis of Latent Social Roles — I', Administrative Science Quarterly 2 no. 3 (December 1957) p. 282–283, cited in Appiah, Kwame Anthony, The Lies That Bind: Rethinking Identity (London: Profile Books 2019) NOT FIRST ED, p. 5.

4   Erikson, Erik, Childhood and Society, 2nd edition (New York: WW Norton 1985; originally published 1950), p. 282, cited in Appiah, The Lies That Bind, p. 4.

5   Hall, Stuart, 'Cultural Identity and Diaspora' (1990) in Gilroy, Paul and Wilson Gilmore, Ruth (eds.), Selected Writings on Race and Difference (Duke University Press, 2021), pp. 257–71. JSTOR, https://doi.org/10.2307/j.ctv1hhj1b9.17. Accessed 28 July 2022.

6   Hall, 'Cultural Identity and Diaspora'.

7   Sarkar, Ash, 'Why we need to pause before claiming cultural appropriation' [article], The Guardian (29 April 2019), https://www.theguardian.com/commentisfree/2019/apr/29/culturalappropriation-racial-oppression-exploitation-colonialism. Accessed 17 July 2022.

8   Dabiri, What White People Can Do Next.

9   Dabiri, What White People Can Do Next, p. 4.

10 Dabiri, What White People Can Do Next, p. 46.

11 Dabiri, What White People Can Do Next, p. 24.

12 Ratajkowski, Emily, My Body (New York: Metropolitan Books 2021), p. 90.

13 Laing, RD, The Divided Self, 3rd edition (London: Penguin Books 1990; originally published 1960), pp. 51–52.

14 Eatwell, Roger, and Goodwin, Matthew, National Populism: The Revolt Against Liberal Democracy (UK: Penguin Random House 2018), p. 27.

15 Eatwell and Goodwin, National Populism, p. 28.

16 Eatwell and Goodwin, National Populism, p. 35.

17 Olusoga, David, 'The "statue wars" must not distract us from a reckoning with racism' [article], Guardian (14 June 2020), https://www.theguardian.com/global/2020/jun/14/statue-wars-mustnot-distract-reckoning-with-racism-david-olusoga. Accessed 17 July 2022.

18 Olusoga, 'The "statue wars"…'.

19 Olusoga, 'The "statue wars"…'.

20 Hussain, Danyal, '"Are they worried about Jane Austen fans?": Statue defenders draw scorn as they stand in front of sculpture of writer George Eliot during Black Lives Matter protest' [article], MailOnline (16 June 2020), https://www.dailymail.co.uk/news/article-8426005/Statue-defenders-stand-sculpture-writer-George-Eliot-Black-Lives-Matter-demo.html. Accessed 17 July 2022.

21 Laing, The Divided Self, p. 52.

22 Butler, Judith, Gender Trouble, 4th edition (Abingdon: Routledge, 2007; originally published 1990).

23 'List of LGBTQ+ terms', Stonewall, https://www.stonewall.org.uk/help-advice/faqs-and-glossary/list-lgbtq-terms. Accessed 31 July 2022.

24 Cited in Stock, Kathleen, Material Girls (London: Fleet 2021), p. 27.

25 de Beauvoir, Simone, The Second Sex, trans. E. M. Parsley (New York:

Vintage, 1973), p. 301, as cited in Butler, Gender Trouble, p. 11.

26 Butler, Gender Trouble, p. 11.

27 Stock, Material Girls, p. 27.

28 Stock, Material Girls, p. 15.

29 Laing, The Divided Self, p. 52.

30 The Combahee River Collective Statement (United States, 2015, original statement dated 1977). Web Archive: https://www.loc.gov/item/lcwaN0028151/. Accessed 28 July 2022.

31 The Combahee River Collective Statement.

32 Fukuyama, Identity, p. 37.

33 See Fukuyama, Identity, pp. 26; 163.

34 Appiah, The Lies That Bind, p. 218.

순수성

1 Nietzsche, Friedrich, Ecce Homo: How to Become What You Are (Oxford: Oxford University Press, 2007, first published 1908).

2 'Pilot', Girls, Season 1, Episode 1 (first aired 15 April 2012).

3 Guignon, On Being Authentic [ebook], p. 67.

4 See Guignon, On Being Authentic, pp. 4-5.

5 'How Religious Are British People?' [survey], YouGov, https://yougov.co.uk/topics/lifestyle/articles-reports/2020/12/29/howreligious-are-british-people. Accessed 28 July 2022.

6 Guignon, On Being Authentic, p. 37.

7 McGraw, Phil, Self Matters: Creating Your Life from the Inside Out [ebook] (Free Press, 2001), p. 28.

8 McGraw, Self Matters, p. 29.

9 McGraw, Self Matters, p. 30.

10 Kondo, Marie, The Life-Changing Magic of Tidying (London: Vermilion, 2014).

11   Kondo, The Life-Changing Magic of Tidying.

12   Trilling, Sincerity and Authenticity, p. 4.

13   Beecham, Amy, '6 signs you're in a toxic relationship with yourself – and what you can do about it' [article], Stylist (2 July 2022), https://www.stylist.co.uk/health/mental-health/toxicrelationship-with-yourself-signs/678117. Accessed 28 July 2022.

14   Mull, Amanda, 'I Gooped Myself' [article], the Atlantic (26 August 2019), https://www.theatlantic.com/health/archive/2019/08/what-goop-really-sells-women/596773/. Accessed 17 July 2022.

15   Belluz, Julia, 'Goop was fined 145,000 for its claims about jade eggs for vaginas. It's still selling them' [article], Vox (6 September 2018), https://www.vox.com/2018/9/6/17826924/goop-yoniegg-gwyneth-paltrow-settlement. Accessed 29 July 2022.

16   Price, Hannah, 'Belle Gibson: The influencer who lied about having cancer' [article], BBC, https://www.bbc.co.uk/bbcthree/article/b2538e04-87f5-4af5-bd6f-f6cf88b488c4. Accessed 29 July 2022.

17   Jones, Daisy, 'Why Everyone's Instagram Looks Ugly Now' [article], Vice (8 February 2022), https://www.vice.com/en/article/v7d79y/why-everyones-instagram-feed-looks-so-uglyright-now. Accessed 17 July 2022.

18   Seal, Rebecca, 'Be bad, better – from anger to laziness, how to put your worst habits to good use' [article], Guardian (1 January 2022), https://www.theguardian.com/lifeandstyle/2022/jan/01/bebad-better-from-anger-to-laziness-how-to-put-your-worst-habitsto-good-use?CMP=Share_iOSApp_Other. Accessed 29 July 2022.

19   Harris, Aisha, 'A History of Self-Care [article], Slate (5 April 2017), http://www.slate.com/articles/arts/culturebox/2017/04/the_history_of_self_care.html?via=gdpr-consent&via=gdpr-consent. Accessed 29 July 2021.

20   Cited in Harris, 'A History of Self-Care'.

21   Nolan, Megan, Acts of Desperation (London: Jonathan Cape 2021).

22   Nolan, Acts of Desperation, p. 26.

23   Nolan, Acts of Desperation, p. 4.

24   Fleabag, BBC (2016-2019).

25   I May Destroy You, BBC (2020).

26   The Princess Diaries, Walt Disney Pictures (21 December 2001).

27   The Devil Wears Prada, 20th Century Studios (5 October 2006).

28   Trilling, Sincerity and Authenticity, p. 73.

29   Austen, Jane, Sense and Sensibility (London: Penguin Popular Classics, 1994, first published 1811).

30   Tomalin, Clare, Jane Austen: A Life [ebook] (London: Penguin, 2012, first published 1997), p. 176.

31   Austen, Sense and Sensibility, p. 118.

32   Guignon, On Being Authentic, p. 36.

고백

1   Foucault, Michel, The History of Sexuality Volume 1: The Will to Knowledge, 5th edition (UK: Penguin 2020, first published 1976).

2   Foucault, The Will to Knowledge, p. 60.

3   Foucault, The Will to Knowledge, p. 59.

4   Fleabag, Season 2, Episode 2, BBC 1 (first aired 17 May 2019).

5   See Leszkiewicz, Anna, 'Sex, power and Fleabag' [article], New Statesman (8 April 2019), https://www.newstatesman.com/culture/2019/04/sex-power-and-fleabag. Accessed 11 May 2022.

6   Foucault, The Will to Knowledge, pp. 61-62.

7   Foucault, The Will to Knowledge, p. 62.

8   Taylor, The Ethics of Authenticity, p. 16.

9   Foucault, The Will to Knowledge, p. 65.

10   Foucault, The Will to Knowledge, p. 66.

11 Perls, Fritz, 'Four Lectures', in J. Fagan and I. L. Shepherd, eds., Gestalt Therapy Now (New York: Harper Colophon, 1970), pp. 20, 22, cited in Guignon, On Being Authentic, p. 2.

12 Freud, Sigmund, The Ego and the Id, Standard Edition, revised and edited by James Strachey, trans. Joan Riviere (New York: W. W. Norton, 1960, originally published in German 1923).

13 Concept first introduced in Freud, Sigmund, The Interpretation of Dreams, trans. A. A. Brill (Ware: Wordsworth Editions, 1997, first published 1899).

14 Freud, Sigmund, Civilization and Its Discontents, trans. James Strachey (New York: W.W. Norton, 1961), p. 12, cited in Guignon, On Being Authentic, p. 51.

15 See Guignon, On Being Authentic, pp. 49-50.

16 See Guignon, On Being Authentic, p. 50.

17 Miller, Alice, The Drama of the Gifted Child: The Search for the True Self, rev. edition (New York: Basic Books, 1997), cited in Guignon, On Being Authentic, pp. 45-46.

18 Phillips, Adam, On Getting Better (UK: Penguin Random House, 2021), p. 4.

19 Grosz, Stephen, The Examined Life: How We Lose and Find Ourselves (London: Chatto & Windus, 2013), pp. xi-xii.

20 Aristotle, Nicomachean Ethics, trans. T. Irwin (Indianapolis: Hackett, 1985), 1106a 21-4, cited in Guignon, On Being Authentic, p. 47.

21 The Pervert's Guide to Ideology, dir. Sophie Fiennes, written by Slavoj Žižek (Zeitgeist Films, 2012).

22 See 'Product', p. XXX, and Boyle, Authenticity, p. 162.

23 Michael James Schneider (blcksmth), 'healing is sexy (quote by wittyidiot, thanks to Travis Paulson for the assist and matthewtylerpriestley for the photo edit)', Instagram (15 February 2021), https://www.instagram.com/

p/CLUoNUih7-q/. Accessed 30 July 2022.

24 Greig, James, 'Why telling people to "go to therapy" isn't as enlightened as some think' [article], i-D (3 August 2021), https://i-d.vice.com/en_uk/article/5dbq4q/go-to-therapy-memes. Accessed 17 July 2022.

25 As cited in Tait, Amelia, 'Reality checks' [article], Tortoise (8 October 2019), https://www.tortoisemedia.com/2019/10/08/down-with-influencers-191008/. Accessed 30 July 2022.

26 Gevinson, Tavi, 'Who Would I Be Without Instagram?', The Cut (16 September 2019), https://www.thecut.com/2019/09/who-would-tavi-gevinson-be-without-instagram.html. Accessed 30 July 2022.

27 Beach, Natalie, 'I Was Caroline Calloway', The Cut (9 September 2019), https://www.thecut.com/2019/09/the-story-of-carolinecalloway-and-her-ghostwriter-natalie.html. Accessed 30 July 2022.

28 'Tyson Fury says he wants to become a people's champion if he returns to boxing', BBC Sport (28 November 2017), https://www.bbc.co.uk/sport/boxing/42154202. Accessed 30 July 2022.

29 See Iovine, Anna, 'I Scammed Influencer Caroline Calloway at Her Event, The Scam' [article], Vice (6 August 2019), https://www.vice.com/en/article/pa7e9k/caroline-calloway-the-scamevent-essay. Accessed 30 July 2022.

30 Rousseau, Confessions, pp. 1–2.

31 Foucault, The Will to Knowledge, p. 59.

32 Hawthorne, Nathaniel, The Scarlet Letter, Ch. XXIV, 'Conclusion', as cited in Trilling, Sincerity and Authenticity, p. 5.

33 McCulloch, Gretchen, Because Internet (London: Harvill Secker, 2019), p. 105.

34 Foucault, The Will to Knowledge, p. 61.

우리는 왜 진정성에 집착하는가

첫판 1쇄 펴낸날 2024년 11월 19일
      2쇄 펴낸날 2025년 1월 15일

지은이 에밀리 부틀
옮긴이 이진
발행인 조한나
책임편집 박혜인
편집기획 김교석 유승연 문해림 김유진 전하연 함초원 조정현
디자인 한승연 성윤정
마케팅 문창운 백윤진 박희원
회계 양여진 김주연

펴낸곳 (주)도서출판 푸른숲
출판등록 2003년 12월 17일 제2003-000032호
주소 서울특별시 마포구 토정로 35-1 2층, 우편번호 04083
전화 02)6392-7871, 2(마케팅부), 02)6392-7873(편집부)
팩스 02)6392-7875
홈페이지 www.prunsoop.co.kr
페이스북 www.facebook.com/prunsoop   인스타그램 @prunsoop

ⓒ푸른숲, 2024
ISBN 979-11-7254-036-4 (03100)